失った30年を越えて、挑戦の時

生活者(SEIKATSUSHA)共創社会

経済同友会代表幹事
櫻田謙悟 著

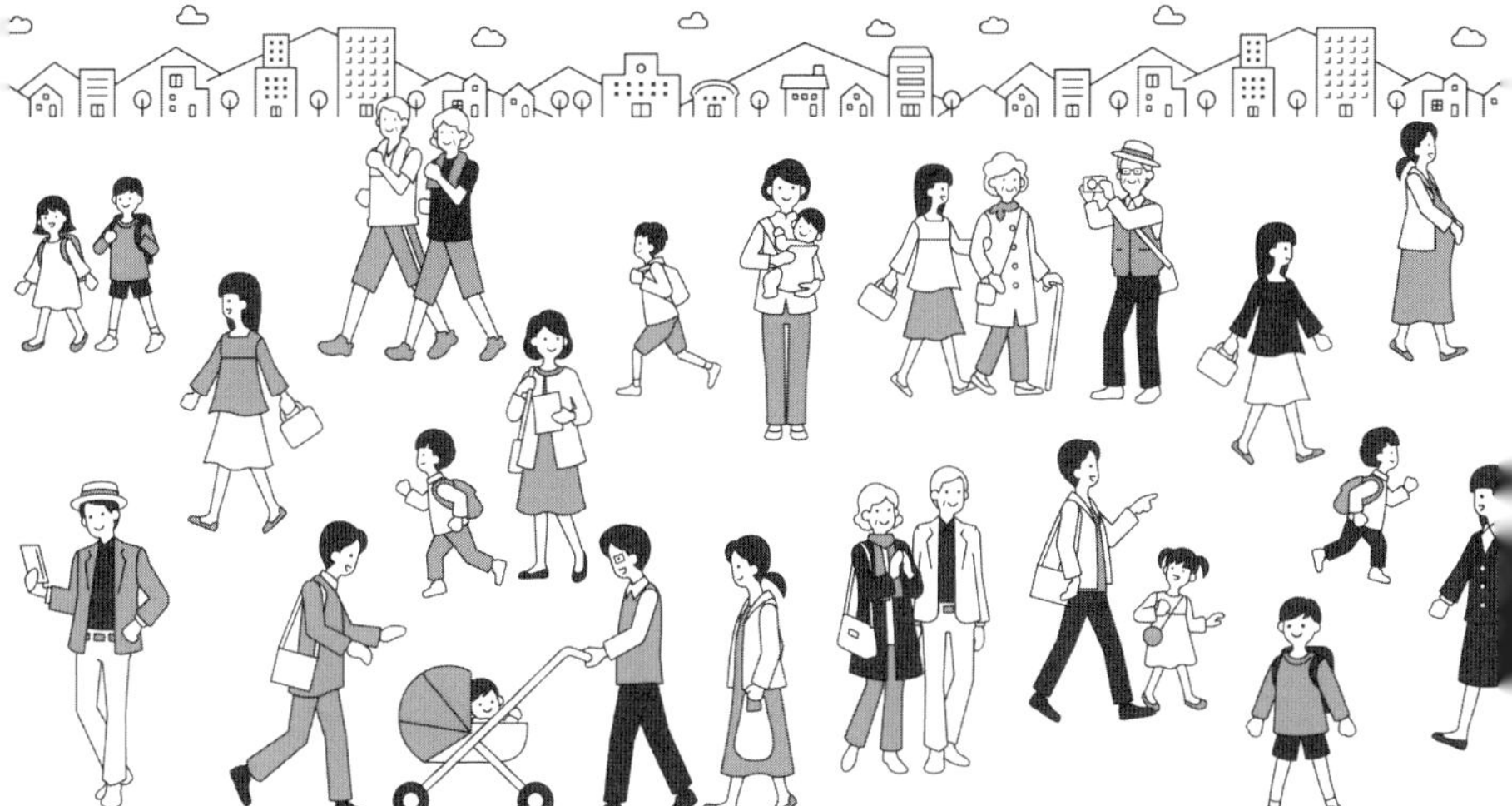

中央公論新社

失った30年を越えて、挑戦の時

生活者(SEIKATSUSHA)共創社会

目 次

低い労働分配率と労働移動の停滞
長寿化、人口減少の社会で増す将来への不安
先進国で最悪レベルに傷んだ国家財政
気になる国の財政に関する関心の低さ
歯止めがかからない少子化、人口減少
OECD加盟国で最悪の「子どもの相対的貧困」
原子力停止の長期化の中、顕在化した「エネルギー危機」
「新しい脅威」にも対応不足を露呈した

第二章 日本の強みとは何か

目標が共有されれば、一気に進む国民性
日本人が知らない「恵まれた良い国」ニッポン
武士道は単なる「武士の生きざま」ではない

第三章

幸福と成長を達成する「生活者共創社会」

日本復活のキーワードは「生活者」
社会の安定と発展のカギは、個人の「幸福」と経済の「成長」
民主主義に立脚した合意形成で実現する「生活者共創社会」
忖度、シナリオ、タブーなしの「未来選択会議」
10年後のあるべき日本の姿
日本の現状と未来を数値化する
日本再興のＫＰＩを提示する
持続的な経済成長でＧ７上位へ：「経済成長のＫＰＩ」
全員参加の社会へ：「社会包摂」のＫＰＩ
人口、社会保障、政府への信頼という課題：「持続可能性」のＫＰＩ
「幸福度」を測る取り組み

第四章

生活者共創社会をいかに実現させるか

「生活者共創社会」の実現に向けて

日本らしいイノベーションが推進する「成長」

（1）個を尊重し将来を生き抜く力を育てる教育を

（2）人材とデジタルへの長期的投資で価値創造基盤を構築・強化

（3）利他の精神・パーパスに基づく付加価値の創造

（4）「挑戦の総量」がカギを握る

（5）社会実装のエコシステム構築による付加価値の創造

ダイナミック・インクルーシブ・サステナブルな「分配」を実現

（1）より質の高い経済成長を実現する「ダイナミックな分配」

（2）社会的公平性・公正性を担保する「インクルーシブな分配」

（3）地球環境・財政の持続可能性を向上させる「サステナブルな分配」

失った30年を越えて、挑戦の時

生活者(SEIKATSUSHA)共創社会

序章

なすべきことをせず、日本は30年を「失った」

果たして「失われた30年」だったのか

いわゆるバブル経済が崩壊した1990年代、日本は急激な景気後退とデフレ不況に襲われた。21世紀を迎えた頃に「失われた10年」と称された日本経済の深刻な病は、その後も回復することなく、年号が令和と改められた今に至るまで続いており、「失われた」期間は30年にまで延びた。

この間、「課題解決先進国」という逆転の発想による世界への貢献を志向するなどしたものの、見るべき成果を上げることは叶わなかった。気づけば、日本が世界を驚かせた高度経済成長期をはるかに超える月日が、浮上のきっかけさえ摑めないまま、失われていった。

事ここに至り、我々は「失われた30年」という言い方が正確ではないことを直視しなくてはならない。

有効な対策が打たれなければ、少子高齢化が深刻化し、やがて人口減少のフェーズに移行するであろうことは、早くから指摘されていた。あるいは、国の財政が世界最悪レベルの赤字を積み上げていることに、気づいていない日本人は稀だろう。

先進国であるにもかかわらず、国のさまざまな分野でデジタル化が「周回遅れ」になっている、と言われながら、打開に向けた抜本的な手立ては示されたのか？　成長を取り戻すために、政府から「骨太の方針」（「経済財政運営と改革の基本方針」）とあわせて毎年打ち出される成長戦略は、どの程度の成果を上げたのか？　そもそも、政策の実現に関する「効果測定」や、それに基づく総括は、きちんと行われてきたのだろうか？

実は、日本の抱える病巣の多くは、我々の目の前にはっきりとその姿を見せていた。処方箋作りのための議論が何度も重ねられ、差し迫った課題に対応するための施策は、何度となく提示されてきたのである。にもかかわらず、実行、実現がなされてこなかった。

ゆえに、長きにわたる日本経済の停滞は、「失われた30年」などではなく、やるべきことをやらなかった不作為による「失った30年」と表現するのが正しい、と私は考える。

もう少し俯瞰してみてみよう。

第二次世界大戦後、焦土から再出発した日本は、奇跡の復興を遂げ、１９６８年には世界第2位の経済大国の地位にまで上り詰める。戦後20年あまりで「欧米に追いつけ、追い越せ」というの国を挙げてのスローガンを、現実のものにしたのである。しかし、その後、70年代前半まで続いた高度経済成長、80年代後半からのバブル景気とその崩壊などを経た2010年、42年にわたって維持してきたその世界第2位の座を、「世界の工場」の名を欲しいままにした中国に、明け渡すことになった。

バブル経済崩壊後、日本経済が成熟期を迎えたことは、誰の目にも明らかだった。そうである以上、新たなステージにふさわしく、社会のあり方を自ら変革する必要があった。しかし、日本はそれをしなかった。変わることができなかった。

では、その「不作為」の責めは、誰が負うべきものなのだろうか？

現状が、国の政策を決定し、それを実行する政治、行政がその機能を十分果たせなかった結果もたらされた停滞であるという意見もあるだろう。だが、彼らの責任を追及するだけでは、不十分ではないだろうか。

成熟期にふさわしい社会変革は、例えば安価で高品質のものを大量に生み出すことに邁進した高度成長時代の「カイゼン」のように、誰かの号令一下、実現できるものではない。課題はより複雑で、担い手も役割も多様化する。

中でも産業、企業のイノベーションという、現代の社会変革に必要不可欠なミッションについては、明らかに民間が主導権を持ち、率先して実行すべきものであった。それが滞っている現実は、経済界、企業経営者の不作為によるものと言わざるを得ない。

我々企業経営者も、日本の再興を本気で成し遂げようという気概、行動力を欠いていたのである。変わらなければいけないときに、変わる痛みを避けてきたと言われても、反論の余地はないだろう。

「失った30年」という言葉には、そうした我々の自責の念の含意がある。

日本が変われなかった理由

もう一つ明確にしておく必要があるのは、みんなが問題を認識していたのに、どうして何十年もの間、変革に踏み切ることなく現状に甘んじてしまったのか、ということだ。

まず指摘したいのは、今も言った「気概」の問題である。人間の思考、行動は、実はシンプルだ。新型コロナウイルス感染症の致死率が何十倍も高ければ、人は言われなくても「ロックダウン」を敢行するだろう。同じように、社会変革の有無が自らの存亡にかかわるようなテーマだと認識したら、速やかに行動に移るはずだ。平たく言えば、今の状況が本当に「嫌」で居心地が悪ければ、その状況を何とかして変えようと、立ち上がるはずなのである。

いろいろ心配なことはあるけれども、とりあえず現状は「嫌」ではない。ならば、今わざわざ困難な変革に乗り出すこともないだろう――。そんな「事なかれ主義」の蔓延が、変革の歩みを妨げてきたことは、疑いがない。

事なかれ主義に陥るのには理由がある。日本の1人当たりGDP（名目）は、ピーク時より下がったとはいえ、3万9800ドル（2021年）のレベルにあり、まだまだ十分「豊か」だと言える。国内の経済格差の拡大は重大な問題だが、諸外国ほどシビアな状況には至っていない。財政破綻の可能性といった「不都合な真実」に目をつぶっていても、とりあえずは「やっていける」のである。

一方、日本人、いや正確に言えば、ある一定の年代以上の日本人に刷り込まれている戦後復興、高度経済成長、バブル経済に至る成功体験も、現状を変えようとする動きの妨げになってきた。時代が、それに即した経済・社会システムの再構築を促しているにもかかわらず、「過去の栄光」の記憶からシフトチェンジできないために、前例の踏襲を繰り返し、結果的に前に進むことができなかったのだ。中国に抜かれたとはいえ、いまだ世界第3位の経済大国であることに慢心し、未来を志向することなく、ゆっくりと坂を下ることに慣れてしまった、という言い方もできる。

誤解を恐れずに言えば、私も含めた「一定の年代以上の日本人」は、「逃げ切り世代」でもある、とされる。日本では、政治家にしろ、官僚にしろ、企業経営者にしろ、意思決定を担うポストの多くは、いまだにそうした世代によって占められている、という現状がある。

また、中には、世の中の仕組みが変わっては困るといったケースも存在する。今までの社会で既得権を獲得し、岩盤規制に守られてきた人たちは、時代を見据えた社会変革よりも、足元の権益を維持することに必死になるだろう。個々の人や組織にとって「合理的」なそうした行動は、求められる社会変革と真っ向からぶつかることになるのだ。

日本の強みを生かし、「最後のチャンス」に挑む

残念ながら、「失った30年」は戻ってこない。同時に、「仕方がなかった」で済ませる

わけにもいかない。今の時代を生きる我々に課せられた使命は、そこからきちんと教訓をくみ取り、社会変革のための確かな歩みを開始することである。

我々は、まさに今が日本の再興に向けた「最後のチャンス」だという認識を持っている。経済同友会は、２０１９年に『危機感なき茹でガエル日本――過去の延長線上に未来はない』（中央公論新社刊）を上梓した。タイトルは、日本の現状を、徐々に水温を上げても気づかず、やがて熱湯になったときには逃げ出せなくなってしまったカエルにたとえたものだ。

裏を返せば、今我々が直面している危機は、明日明後日、突然致命的なものになる可能性は高くはないだろう。だから「慣性の法則」よろしく昭和の遺産に頼って何もしないままでも、しばらくは生きていけるかもしれない。ただし、その道を選択した場合には、社会も経済も確実にシュリンクしていき、やがては「茹でガエル」となる運命が待っている。貧しくなった日本は、もはや国の再興など覚束ない状態になることだろう。

他方、さきほども述べたように、30年を失ったとはいえ、日本はまだ豊かである。G7の一員として、引き続き世界に存在感を示している。今なら、停滞のトンネルを抜けて、成熟期にふさわしい成長を取り戻すチャンスは残されている。

社会変革は、ある程度の国力があってはじめて成し遂げられる事業だ。例えば財政の危機的状況が一線を越える、といったことになれば、世界から「日本は危ない」と評価され、円が売り浴びせられるような事態になるかもしれない。そうすると、水は一気に沸騰する。その可能性を考えただけでも、現状を傍観している猶予のないことがわかるのではないだろうか。「最後のチャンス」とは、そういう現状認識と危機感を示したものであり、単なるキャッチコピーなどではないことを理解してもらいたいと思う。

ここで、視線を世界に広げてみよう。

誰もが実感するように、今国際社会のパラダイムは揺らいでいる。

21世紀に入って加速したグローバル資本主義の展開とデジタル・テクノロジーの拡散は、人々の生活にさまざまなメリットを提供した一方で、現状のままでは逆転困難な格差と、社会の分断を生み出した。新型コロナウイルスによるパンデミックは、きわめて短期間に経済社会のあり方を変貌させた。サプライチェーンの混乱は世界的な物価の高騰を招き、その痛みに苦しむ層と、新しい機会を見出す層との断層を顕在化させた。さらに、これも想定外であったロシアによる突然のウクライナ侵攻は、国家体制の違いによる国際社会の分断のみならず、資源・エネルギーの制約という現実問題を前に、価値観を共有するはずの国同士であっても、連帯が困難であることを如実に示した。

これら一連の危機は、世界がさまざまな利害の衝突と、分断の時代への転換点に差しかかっていることを示唆しているようにもみえる。

こうした中、人類共通のテーマであるサステナブルな地球環境の実現、「行き過ぎた資本主義」の再検討といった重要な課題の解決に向けた道のりは、なお一層厳しさを増していると言わざるを得ない。多様な「自利」が衝突する分断の時代に、未来に向けた選択をし、社会的合意を作り出すことはきわめて難しい。だがしかし、ここでも我々は、歩みを止めるわけにはいかない。

大きな話になったが、実は日本には、このように絶望的にも思える現状の打開に向けて、世界に貢献できる可能性がある。もっと言えば、分断がここまで広がったからこそ、日本が果たすべき役割は、より大きなものになった。私はそう考えている。

分断を克服する唯一の道は、社会のさまざまなステークホルダーが、お互いの立場や利害の違いを乗り越え、合意を作り出そうと努力する道にたち帰ることだろう。地道な努力を要するこうした「ステークホルダー主義」を実践するうえで、日本には本来的に他国に対する優位性があるのだ。

あとでくわしく論じたいと思うが、それは、日本人が持つ「武士道」や「論語と算盤」に象徴される価値観であり、「世のため人のため」が自らの利益につながるという「利他」の精神にほかならない。加えて、「中庸」や社会の調和を重んじる精神性と豊かな文化的伝統は、規模の拡大や自利の追求を目的化することなく、質的な豊かさを重んじる心性を人々に根づかせている。

分断の深刻化により、このような日本の特性や実践的な知恵の持つ価値が、俄然クローズアップされることになった。日本人なら「普通のこと」と感じられるそれらを、あらためて自分たちの「強み」としてとらえ直し、グローバルに生かしていくことこそ、我々がとるべき道ではないだろうか。そこに日本の「チャンス」はある。

世界から「いて欲しい国、いなくては困る国」となるために

とはいえ、日本という国が衰弱し、存在感を失ってしまっては、世界の中でその役割を発揮することなど覚束ない。繰り返しになるが、日本の抱える問題と処方箋は、すでに出尽くしている。最大の問題は、現前に横たわる個々の課題をクリアした先にあるも

の、すなわち日本が自らの強みを活かしてどのような経済社会を目指すのか、というビジョンが明確に示されていないことである。

例えば、政府の成長戦略には、「ＡＩ」「量子」といった先端テクノロジーの活用や、「スタートアップ振興」などのメニューが、ふんだんに盛り込まれている。しかし、それらはあくまで成長の手段であり、「部品」に過ぎない。それらをどう活かし、成長を成し遂げ、どのような社会を作り出すのか、という日本の目指す姿こそが求められているのではないだろうか。

経済同友会は、２０２２年10月、「『生活者共創社会』で実現する多様な価値の持続的創造――生活者（SEIKATSUSHA）による選択と行動」を発表した。その具体的な内容については、本書の後半で説明したい。ひとことで言えば、成熟期にふさわしい日本の姿を「経済の規模だけでなく、社会のあらゆるステークホルダーの幸福という質的な成長を遂げたクオリティ国家」に定め、「生活者」の日々の選択を通じた社会変革・課題解決の実現を訴えた提言である。目指す「クオリティ国家」は、世界から見て「いて欲しい国、いなくては困る国」と、そのイメージを明確化した。

あるべき社会には、具体的な数値目標が必要だ。提言では、「経済成長」「社会包摂」

「持続可能性」の3つの観点から18項目の指標を選択し、10年後をめどとした世界との比較における定量的なKPI（重要業績評価指標）の提示に挑んだ。

また、直面する社会課題が、経済界の議論や行動だけで解決できるものでないことは、明白だ。目標がマルチ・ステークホルダーによる開かれた議論を通した社会的合意形成に基づく、納得感のあるものでなければ、どんな素晴らしい提案も「笛吹けど踊らず」に終わるだろう。

そうした考えから、問題解決に向けた論点や選択肢を提示する一策として、年代、性別、所属・肩書などの違いを超えた人たちが日本の将来を話し合う「未来選択会議」を設けたのも、新たな試みだ。そこでは、経済同友会に対する忖度もない、自由闊達な意見交換が行われ、提言にも反映された。ちなみに、この「未来選択会議」は現在進行形である。どんな議論が行われているのかについても、本書で紹介していきたいと思う。

経済団体が発する提言には、政府や規制当局に対するさまざまな「要請」の意味を込めたものが多い。だが、この提言は、さきほども述べたように、自らも含めた不作為に対する自戒を出発点としたものであり、経営者も法人も「生活者」の一員として、「共創社会」の実現に取り組んでいく決意であることを付け加えておきたい。

提言には、社会変革によって生まれ変わる日本社会の未来も提示した。「今の日本」に目を向けると、ともすればそれは「夢物語」に映るかもしれない。だが、はなから「こんな社会は来ない」と思っている限り、夢の実現可能性はゼロである。

甘んじて「失った40年、50年」を受け入れるのではなく、「取り戻した10年」とするために、まずはあらためて「今の日本」を分析するところから始めたい。あえて「不都合な真実」にも目を向けていくことにする。

第一章

課題解決を先送りし続けてきた「課題先進国」

先進国で独り伸び悩むＧＤＰ

日本の「失った30年」がいかなるものだったのかを、如実に物語る数字がある。バブル経済がピークを迎えていた１９９０年と30年後の２０２０年を比較すると、名目ＧＤＰは、約３兆２０００億ドルから５兆５００億ドルになった。およそ１・６倍の「成長」である。では、他国はどうだったのだろうか。

同じ期間に、中国が37・５倍（４０００億ドル→14兆８９００億ドル）の驚異的な経済成長を記録して日本を追い抜いたのは例外としても、ＧＤＰランキング１位のアメリカは３・５倍（５兆９３００億ドル→20兆９０００億ドル）、日本に次ぐ４位のドイツも２・４倍（１兆６０００億ドル→３兆８４００億ドル）の伸びを達成している。やはりＧＤＰ上位のイギリスやフランスも、成長率は２倍を上回った。

日本と同じようにすでにＧＤＰが高い水準にあり、経済社会が成熟期にある国々でも、このレベルの成長は、しっかり確保してきた。それらに比べると、日本の停滞ぶりは明らかに「異常」であり、相対的に貧しくなったと言わざるを得ない。

ちなみにこの間、世界は、90年代前半から2000年代初頭にかけてのITバブルと、その崩壊を経験した。07年~08年に起こった、大恐慌以来といわれる世界的な経済危機、いわゆる「リーマン・ショック」では、原因となったサブプライムローン関連商品に多く投資していた欧米金融機関が深刻なダメージを受けている。

むろん30年間、日本政府もただ手をこまねいていたわけではない。毎年6月頃には、政権の重要課題や翌年度予算編成の方向性を示す「骨太の方針」を策定するのをはじめ、矢継ぎ早に成長戦略を打ち出し、状況の打開を図ってきた。

中には、「未来開拓戦略」(09年4月、麻生太郎内閣)、「新成長戦略」(09年12月、鳩山由紀夫内閣)、「日本再興戦略」(16年6月、安倍晋三内閣)のように、2020年度をめどに名目GDPを600兆~650兆円まで引き上げる、という数値目標を掲げたものもあった。しかし、実際には、日本のGDPは、17~19年まで約550兆円で横ばい、20年には新型コロナの影響もあり、530兆円に届かなかった。

率直に言って、従来の戦略に掲げられた政策には、このように「空振り」に終わったものが少なくない。基本的な問題として指摘したいのは、戦略の策定プロセスも含めて、目指すべき「国家のグランドデザイン」が明確に示され、共有されているとは評価しがたいことだ。そのため、各分野の目標やその達成手法も、いぜんとして欧米キャッチアップ型の域を出ることがなく、個別の成長パーツ磨きに終始している印象を拭えない。

これでは、経済の低迷を脱する羅針盤となるのは難しい。言い方を変えれば、2006年以来策定されている成長戦略が実現できていたら、少なくとも先進国で日本だけが名目GDPの成長率で劣後するようなことは、なかったはずである。

民間企業ならば、経営計画がうまくいかなければ、どこに問題があるのか、その原因を深く検討し、練り直すことを考える。十何年もプランが不発を続けたら、成長どころか倒産しかねないからである。にもかかわらず、国レベルで「実現されない計画」が量産されたのは、そうした本当の意味での見直しをせずに、新たな戦略を次々に「上書き」してきた結果だと言うこともできる。

そうなった理由の1つは、政策を実行した後の「評価手法」にある。政府の成長戦略であるが、「新しい資本主義のグランドデザイン及び実行計画」（22年6月、岸田文雄内閣）では51項目もの政策が記載されており、2006年から毎年同程度の項目が掲げられているとして単純計算すると、延べ800以上の項目が閣議決定されていることになる。

ところが、経済同友会が調査、議論したところ、政策の評価指標の多くは、アウトカム（成果）ベースとは言えないということが判明した。

例えば、水素ステーションの増設、学校における無線LAN整備、あるいは中小企業へのITツールの導入などといった評価指標が多く、法案作成や制度変更といったアウトプットベースで達成すれば評価指標上はA評価を受けることになっている。しかし、これらの目標が達成されることと、水素自動車の普及やデジタルツールを活用した授業の実現といった政策が意図したアウトカムをもたらすこととは別の話であって、後者で評価しなければ、政策の実が上がったかどうかはわからない。日本は貴重な時間を「失って」いった。

賃金水準は20年間横ばい

国民生活の糧である賃金・所得については、さらに日本の伸び悩みが際立っている。厚生労働省の「賃金構造基本統計調査」によれば、一般労働者の賃金は、2001年に

図表1　平均賃金の国際比較

平均賃金の伸び（1990年＝100）

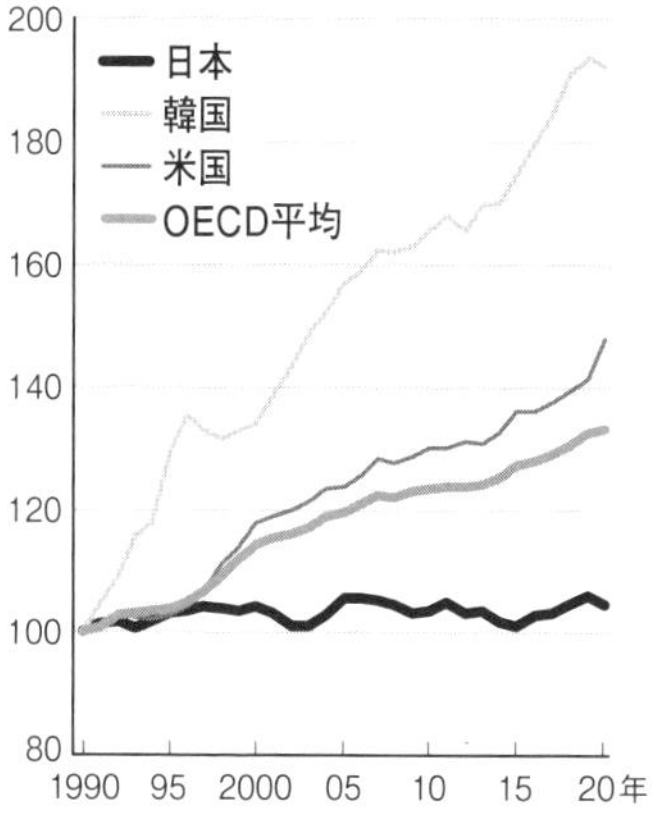

平均賃金（2020年）

順位	国　名	平均賃金
1	米 国	69,392ドル
2	アイスランド	67,488ドル
3	ルクセンブルク	65,854ドル
4	スイス	64,824ドル
5	オランダ	58,828ドル
6	デンマーク	58,430ドル
7	ノルウェー	55,780ドル
8	カナダ	55,342ドル
9	オーストラリア	55,206ドル
10	ベルギー	54,327ドル
11	ドイツ	53,745ドル
14	英 国	47,147ドル
17	フランス	45,581ドル
19	韓 国	41,960ドル
22	**日 本**	**38,515ドル**
24	イタリア	37,769ドル
―	OECD平均	49,165ドル

出所：「OECD Data」を基に作成

30・58万円だったものが、21年には30・74万円だった。なんと、この20年間、まったくの横ばいで推移しているのだ。申告所得をみても、01年の40・0兆円から20年の42・6兆円へと、19年間の伸びは、わずか6・5%にとどまる（国税庁「申告所得税標本調査」）。

これも、OECD（経済協力開発機構）のデータを基に、国際比較をしてみよう。1990年からの30年間の平均賃金の伸び率をOECD全体と比べると、韓国は4割、米国は1割以上上回っているが、日本は2割も下回っている。グラフ（図表1）を見れば、その「異常さ」がよく理解できるだろう。

20年時点での、ＯＥＣＤ加盟国平均の賃金は、約５５９万円となっている。日本は、それを大きく下回る約４４７万円で、38の加盟国の中で22位まで順位を下げた。

日本の現状は、お隣の韓国と比べることで、より一層鮮明になる。２０１８年、１人当たりＧＤＰ（購買力平価）で、日本が韓国に抜かれたのは記憶に新しい。

賃金はどうか？　日本貿易振興機構（ＪＥＴＲＯ）の地域・分析レポート「韓国の賃金水準、日本並みに」（22年9月）によれば、「２００１年時点では日本の平均賃金は韓国の２・４倍だったが、その後、２０１０年代前半にかけて格差が縮小している。２０１０年代後半以降は、逆転とまではいかないものの、ほぼ類似の水準で推移している」。ただし、22年に入って加速したドル高を勘案し、同年7月の平均為替レート（1ドル＝１３６・72円、1ドル＝１３０７・95ウォン、以下同）で２０２１年の平均賃金を算出すると、「日本は３万２５０３ドル、韓国は３万２５３２ドルと、僅差ながら日韓が逆転する」としている。

さらに、韓国の最低賃金は、文在寅前政権時の5年間で、２０１７年の６４７０ウォン（約679円）から22年の9160ウォン（約962円）へと、41・6％も上昇した。一方、日本の最低賃金（全国加重平均額）は、2001年度の664円から21年度には930円へと、20年間かけて40・1％引き上げられ、22年度には961円とされた。それでもやはり韓国に追いつかれ、その後塵を拝することになったのである。また、大卒初任給について、同レポートは、「全体としては日韓間で格差はほとんどないものの、大企業では韓国が日本よりも高く、従業員数99人以下の中小企業では日本のほうが高い」という韓国経営者総協会の調査結果を紹介している。

低い労働分配率と労働移動の停滞

名目賃金の伸び悩みという大きな問題を抱える中、2022年には、ウクライナ紛争や急激な円安を要因とする生活必需品の値上がりにより、実質賃金の値下がりが顕著になった。このような状況に際して、経済界、企業経営者が賃金に対して負うべき責任は、ますます大きなものとなっている。

新しい資本主義実現本部事務局（内閣官房）の「賃金・人的資本に関するデータ集」

（21年11月）によれば、2000年度から2020年度にかけて、大企業（資本金10億円以上）の現預金は85・1％の増加（プラス41・6兆円）、経常利益は91・1％の増加（プラス17・7兆円）、配当は483・4％の増加（プラス16・8兆円）となる一方、人件費は0・4％の減少（マイナス0・2兆円）、設備投資は5・3％の減少（マイナス1・2兆円）となった。内部留保（利益余剰金）は、同じ時期に175・2％、額にして154・1兆円の大幅増だった。

また、大企業の労働分配率は19年度に54・9％と、2000年度比で6・0％ダウンした。中堅企業（資本金1億円以上10億円未満）の3・4％減、中小企業（同1000万円以上1億円未満）の2・7％減に比べ、減少率が高く、分配率自体も低い実態が示されている。大企業に労働分配率の引き上げを求める声が高まるのも、こうした数字を見れば当然と言えるだろう。

物価上昇で厳しい状況に置かれた従業員に対し、「インフレ手当」の支給などでケアする企業も増えたが、全体的な賃金の底上げは、喫緊の課題である。同時に、その際、これまでの「ベースアップ」の考え方は必要ではあるものの、それだけでよしとするのではなく、成果をどのように分配するかについても、議論を始める時であることを強調したいと思う。企業側は、生産性の上昇分について、「成果給」の形でしっかりと分配していくことが重要だ。裏を返せば、従来の「日本型経営」では、そうした議論を欠き、長く年功序列のシステムを温存することによって成長の頭を押さえてきたのである。

その一因は、賃金を単純に「コスト」としてみなしてきたところにもあるのではないか。そうではなく、労働力というものを、価値を生む重要な生産要素として評価し、その価値対価を払っていく、という意識改革が必要であろう。

他方、企業側の自助努力とは別に、あえて言えば働く側の意識や行動にも変革が求められている部分がある。個々の収入アップを図るためにも、日本経済全体の活性化を達成するうえでも、社会に円滑な労働移動の環境が備わっていることが必要だ。今も述べたように、重要な生産要素、成長要素である労働力が、より生産性の高いところに動く、逆に言えば生産性の低い場所にとどまらないというのは、ある意味自然の流れであり、それを邪魔するものは、経済成長の阻害要因となる。

ところが、この点でも日本の遅れは顕著だ。例えば、G7の国々の中で、生涯転職回数が最も少ないのは日本である。

戦後の高度成長期においては、一つの技術を身につけて一つの会社に忠誠心を持って勤める、あるいは一つの職業に精進するというのは、個人にとっても企業や社会にとってもメリットがあった。しかし、技術の進歩や産業の構造変化が激しくなると、同じ産業が生産性の高い状態で留まることは難しい。そうであれば、労働者が経済合理性に従って動くことになるはずなのだが、なぜか日本では、その流れが滞ったままなのだ。

阻害要因にはさまざまあるが、「動きたくない」「転職を重ねるのは不利だ」といった働く側のメンタリティの問題を無視することはできない。経済環境が厳しくなればなるほど、「現状維持」の志向を強め、チャレンジを躊躇してしまう。

もちろん、その状態を労働者だけの責めに帰すことはできない。例えば、勤務先が頻繁に変わり勤続年数が短いと、銀行のローンを受けにくくなる。新たな勤務先を求める面接では、転職を繰り返してきた理由を否定的に問われることが珍しくない。一つの会社に長く在籍することや、ある職業を極めるのが「普通」という社会モデルが、時代に合った最適の働き方の選択を妨害しているにもかかわらず、それが連綿と堅持されていることは、もっと問題視されてもいいはずである。

2022年には、ツイッター、フェイスブックを運営するメタ、アマゾン・ドット・コムが相次いで大量解雇を実行し、ニュースになった。批判が起こり、解雇された側から訴訟が提起されたりもした。ただ、アメリカでは、万単位で従業員を解雇する企業がある一方で、同等かそれ以上に雇用を増やす企業や産業があるのも事実だ。労働移動が常態化しているため、解雇された労働者の心理的ストレスなども、そう大きくはないと考えられる。

欧米で制作された映画やドラマでは、友人同士で、「今、仕事を探している」「新しい職場が見つかったよ」といった会話を交わすシーンがよく出てくるが、ごく普通のやり取りで、暗い話をしているようには映らない。職業が変わることに対してマイナスイメージを持っていないことが、そんなところからも見て取れる。

日本でも、働く人がそういうメンタリティを持てるようにするために、何をなすべきなのか、真剣に考えなくてはならない。

長寿化、人口減少の社会で増す将来への不安

日本は、世界第3位の経済大国であると同時に、トップレベルの長寿国だ。そのこと自体は素晴らしいことであるが、一方で「人生100年時代」を迎えたこの国では、

「長生きのリスク」が強く意識されるようになっている。

少子化と相まって、日本の高齢化率（65歳以上人口の割合）は、２０２５年に30％に達し、40年には35％を超えて、さらに上昇が続くと推計されている。

自宅介護に関しては、２０１９年時点で、高齢の配偶者や子どもが高齢者を介護する「老老介護」が、65歳以上同士が59・７％、75歳以上同士が33・１％に達している。さらに、より深刻な「認認介護」（認知症の高齢者が認知症の高齢者を介護している状態）についても、今後、その増加が懸念されている（厚生労働省「国民生活基礎調査（19年６月）」）。

また、介護離職者数が年間約10万人で推移している一方、近年、両親・祖父母・兄弟姉妹の世話や介護をしている「ヤングケアラー」の存在が社会問題化した。その比率は、中学生で５・７％、高校生で４・１％に上ると推計されている（厚生労働省・文部科学省「ヤングケアラーの実態に関する調査研究（21年３月）」）。

さらに、自宅住居で亡くなる単身世帯の人が近年増加傾向にあり、東京都23区内では、20年に８９５０人に達した。この中には、高齢者の孤独死が多く含まれる可能性があるとされる。

19年6月には、金融庁の金融審議会「市場ワーキング・グループ」が発表した報告書「高齢社会における資産形成・管理」で、「老後20～30年間で約1300～2000万円を貯蓄から取り崩す必要がある」という試算が示されたのを発端に、「老後2000万円問題」が物議を醸した。ここで述べてきたような現実をみれば、それも当然のことだろう。

現状をかいつまんで説明したが、そうした状況の下で、日本の社会保障がどうなっているのか、このままいくとどのような将来が予想されるのか、少しくわしくみていくことにしたい。

ご存知のように、日本の社会保障制度は、現役世代が高齢世代を支える仕組みになっている。国民皆保険制度が導入された1960年代の平均寿命は、男性が60歳台後半、女性が70歳台前半であり、「老後」は今よりもずっと短かった。当然のことながら、1人の人間を制度で支える期間が短いほど、支える側の負担は少なくて済む。

ところが、現在は、男女ともに平均寿命が80歳を超えた。制度を作った当時の想定をはるかに超えて、支えられる期間が大幅に延びたのだ。わかりやすく言えば、今の日本人は約40年間働いて制度を支え、幼少・就学期と高齢期の約40年間を支えられる形になっている。

現状でも社会保障給付が増加し、それが後でも述べる構造的な財政赤字を生む主因となっている。医療の高度化等に伴って平均寿命が今後も延び続けることを考えれば、制度の先行きがピンチであることは、誰にでもわかるはずだ。

22年以降、「団塊世代」が後期高齢者入りしたことで、社会保障給付はさらに増加した。２０３０年代には、その団塊世代というピークを過ぎて、高齢者数の伸び自体は緩やかになる半面、支える側の生産年齢人口の減少が加速する。40年度には１・５人の現役世代が、１人の高齢者を支えることになると予想されているのだ。

さらに、２０４０年頃からは、今度は「団塊ジュニア世代」が前期高齢者入りする。就職氷河期世代とも称されるこの世代には、現役時代に非正規労働者だった人が多く、生活を維持するための年金額は限定される。そのため、高齢期の生活が不安定になるリスクが、より高いとみられている。

他方、１９６０年代の国民皆保険制度確立後の日本では、夫婦共働き世帯や単身世帯、中でも単身高齢者世帯が増加した。かつて「標準」とされていた「サラリーマンの夫と専業主婦、子ども2人から成る世帯」は、85年の17・5％から２０１５年には、わずか

図表2　標準世帯が総世帯に占める割合の推移

年　次	総世帯数（千世帯）	標準世帯数（千世帯）	総世帯に占める割合
1985年	38,133	6,667	17.5％
2015年	53,448	1,905	3.6％

注：1985年は親族人員４名かつ、非農林漁業雇用者世帯を指す。2015年は夫が就業者、妻が非就業者、子ども２人の世帯を指す
資料：昭和60年国勢調査、平成27年国勢調査より作成

３・６％へと、大きく減少した（図表２）。現行の制度には、こうした世帯構成の変化に必ずしもマッチした仕組みになっていないという問題もある。

現行制度の収支構造が、働く個人や企業の保険料負担を大きく増加させ、それが社会の活力の低下にさえつながっているという問題も、指摘しておかなくてはならないだろう。

今の公的保険制度は、医療・介護と年金で、その構造が大きく異なる。医療・介護は出来高払いであり、給付に応じて保険料が決定される。一方年金は、保険料率（基礎年金は保険料額）が固定され、「マクロ経済スライド」により、人口構造の変化と経済情勢が給付を決定する。また、高齢者医療については、働く個人が負担する後期高齢者支援金（収入の39・２％）や前期高齢者納付金（同24・６％）がその収入を支えている（図表３）。

こうした仕組みの下、企業も雇用者報酬の引き上げに努め

図表３　現行制度の収支構造

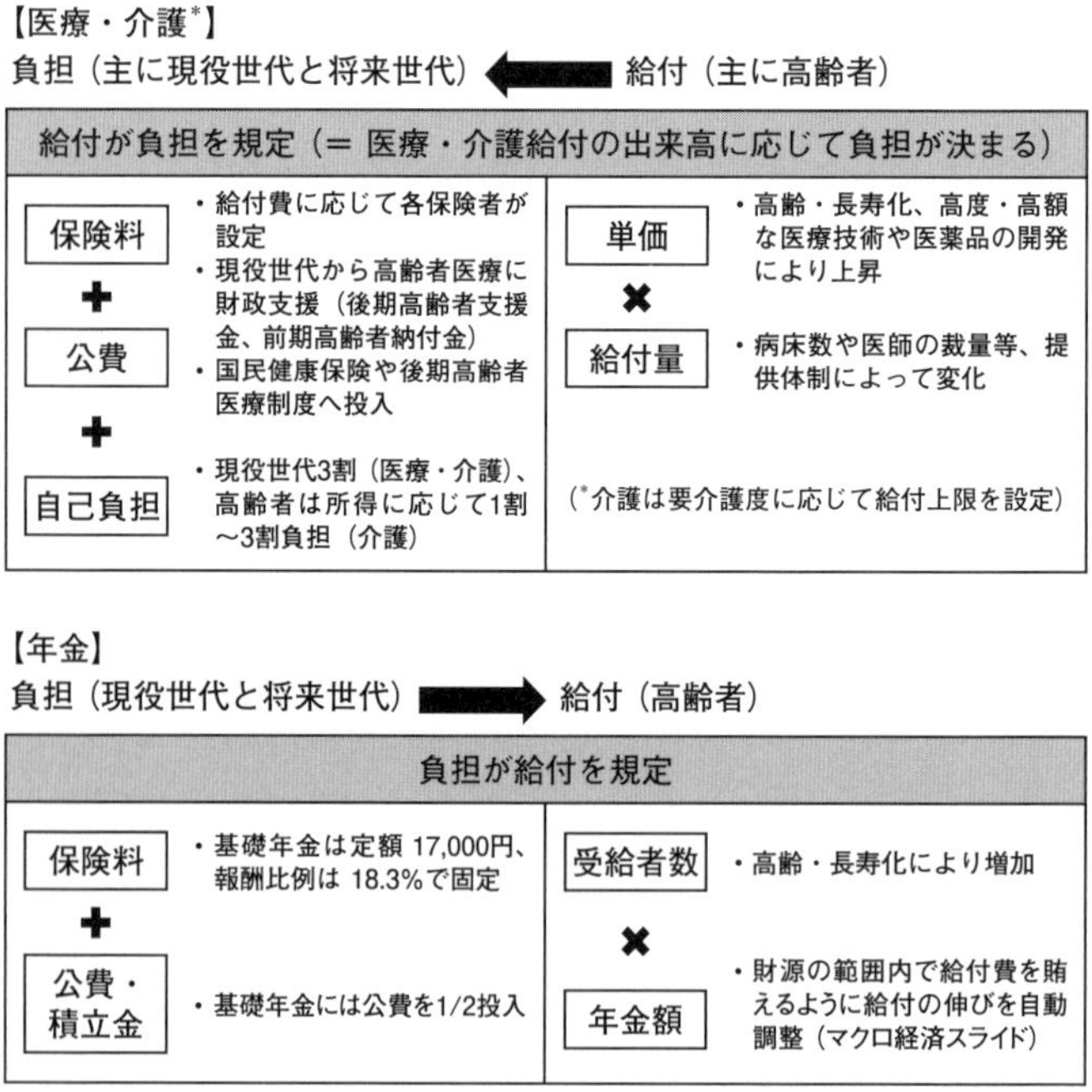
【医療・介護*】
負担（主に現役世代と将来世代）
給付（主に高齢者）
給付が負担を規定（＝医療・介護給付の出来高に応じて負担が決まる）
保険料
・給付費に応じて各保険者が設定
・現役世代から高齢者医療に財政支援（後期高齢者支援金、前期高齢者納付金）
公費
・国民健康保険や後期高齢者医療制度へ投入
自己負担
・現役世代3割（医療・介護）、高齢者は所得に応じて1割～3割負担（介護）
単価
・高齢・長寿化、高度・高額な医療技術や医薬品の開発により上昇
給付量
・病床数や医師の裁量等、提供体制によって変化
（*介護は要介護度に応じて給付上限を設定）
【年金】
負担（現役世代と将来世代）
給付（高齢者）
負担が給付を規定
保険料
・基礎年金は定額 17,000円、報酬比例は 18.3%で固定
公費・積立金
・基礎年金には公費を1/2投入
受給者数
・高齢・長寿化により増加
年金額
・財源の範囲内で給付費を賄えるように給付の伸びを自動調整（マクロ経済スライド）

出所：提言「活力ある健康長寿社会を支える社会保障のあり方ーコロナ禍を経て、今改めて考えるー」（2021年7月、経済同友会）

ているものの、後期高齢者支援金負担の増加や総報酬割の導入などは、働く個人の負担を増加させ、可処分所得が伸び悩む一因となっている。そのことは、当然、個人消費の低迷にもつながっていく。

同時に、企業の社会保険料負担も増加しており、その収益力や日本の立地競争力を削いでいる。結果として、日本経済・日本社会の活力を損なう、大きな要因ともなっているのである。

社会が活力を失えば、社会保障制度の維持も難しくなってしまう。日本は、もうそういう危機の入り口に立っていることをしっかり認識する必要がある。

今、はっきりさせておかなくてはならないのは、現行の保険制度は、医療・介護を中心に、「持続可能な状態ではない」ということである。

公的年金制度の将来の「所得代替率」、すなわち年金受給開始の時点での年金額が、現役世代の賞与を含む手取り収入額と比較してどのくらいの割合かを示す指標は、39・7％から最高でも53・8％程度となることが見込まれている（図表4）。率に幅があるのは、マクロ経済スライドに従い、経済成長の度合いや出生・死亡の見通しで変化するからである。

図表4 人口・経済の前提が変化した場合の公的年金の所得代替率の将来見通し

人口＼経済	中位推計	出生の前提が変化した場合（死亡中位）		死亡の前提が変化した場合（出生中位）	
		出生高位	出生低位	死亡高位	死亡低位
ケースⅠ	51.9％	53.8％	49.2％	53.4％	49.7％
ケースⅢ	50.8％	53.4％	47.8％	53.1％	48.4％
ケースⅤ	44.5％	48.7％	39.7％	47.4％	41.1％

資料：厚生労働省「国民年金及び厚生年金に係る財政の現況及び見通し－2019（令和元）年財政検証結果－」（人口：出生中位、死亡中位、経済：ケースⅢ）より作成

図表5 多様な世帯類型における公的年金の所得代替率の推移

所得代替率（ケースⅢ）	①モデル世帯	②単身者（厚生年金加入者）	③単身者（国民年金加入者）
2019年	61.7％	43.4％	18.2％
2030年	58.3％	41.4％	16.7％
2040年	53.6％	39.1％	14.5％
2050年	50.8％	37.7％	13.1％

資料：厚生労働省「国民年金及び厚生年金に係る財政の現況及び見通し－2019（令和元）年財政検証結果－」（人口：出生中位、死亡中位、経済：ケースⅢ）より作成

**図表6　現行制度を維持した場合に見込まれる
2050年時点の医療・介護保険料負担**

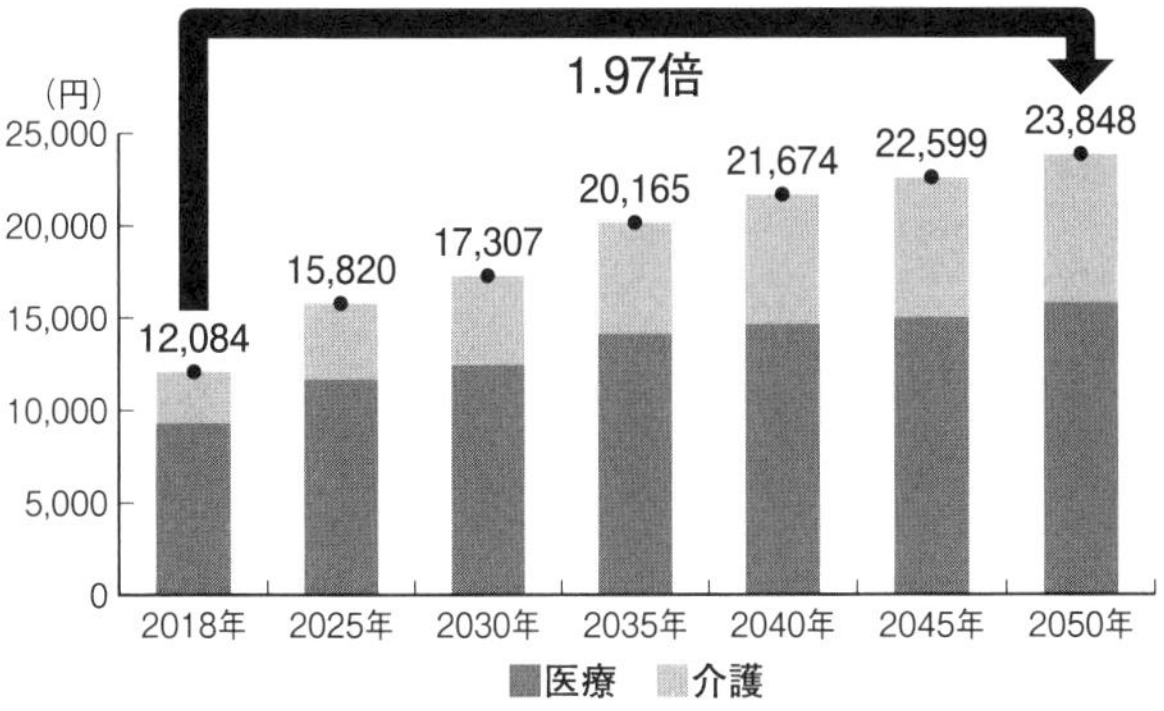

注：事業主負担分を除き、医療保険は15～64歳の被用者、介護保険は40～64歳の第二号被保険者で計算
出所：提言「活力ある健康長寿社会を支える社会保障のあり方－コロナ禍を経て、今改めて考える－」（2021年7月、経済同友会）

マクロ経済スライドにより年金制度そのものは維持できても、例えば単身の国民年金のみの加入者の場合、所得代替率は19年度で18・2％に留まる（図表5）。これでは、受給者が年金のみで生活を維持することは難しく、高齢期のセーフティネットとして十分な役割を果たしているとは言い難い。

一方で、現行制度を維持した場合、現役世代（働く個人）の医療・介護保険料負担はじりじりと増え続け、2050年には18年度比でおよそ1・97倍に膨らむ（図表6）ことが予想されている。何らかのかたちで

図表7　1990年度と2021年度における国の一般会計歳入・歳出の比較

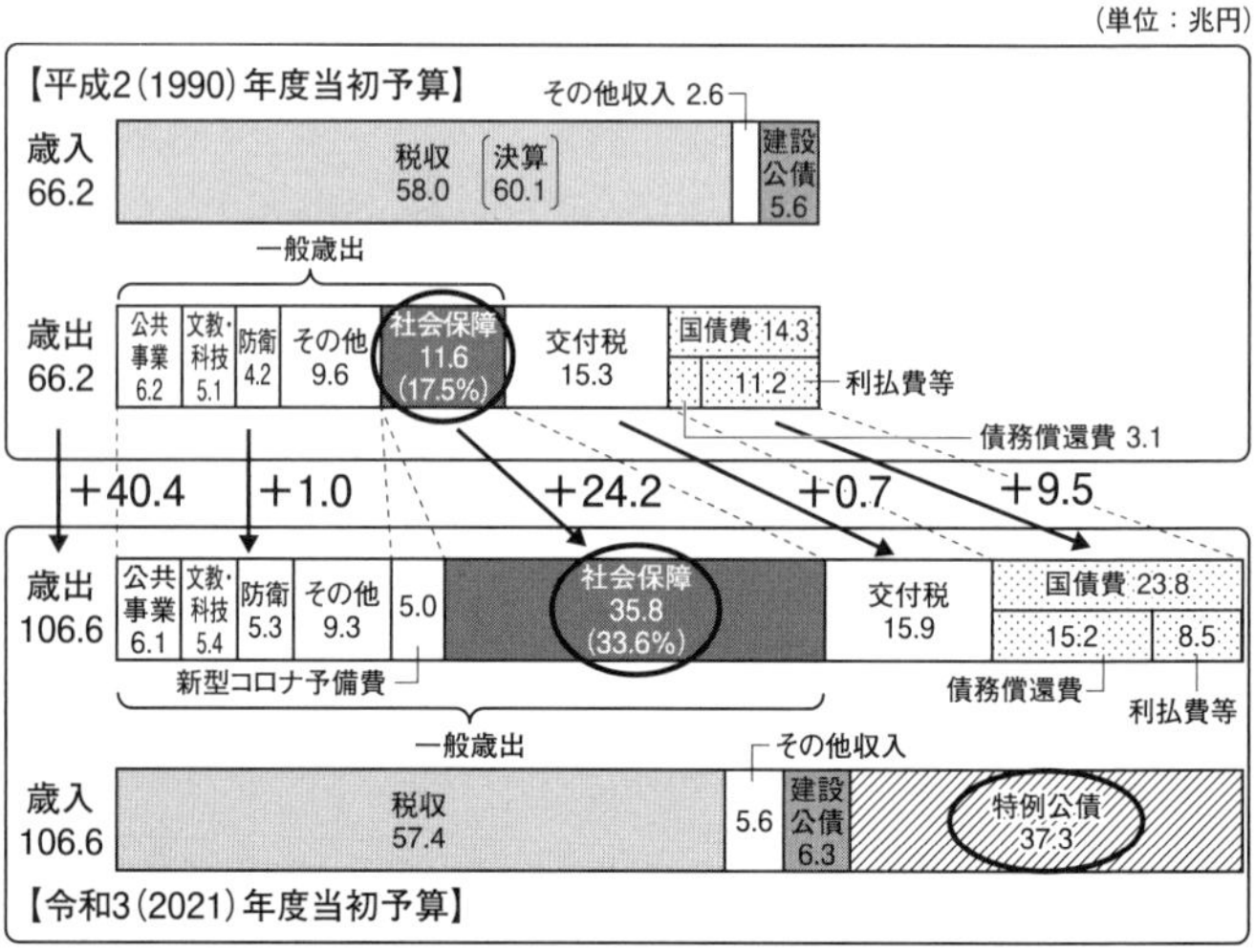

注：括弧内は一般会計歳出に占める社会保障関係費の割合。
資料：財務省資料

現行制度を見直さない限り、日本の社会保障制度は、「保険料が負担できない」「十分な給付が受けられない」状況に追い込まれる可能性が高いのである。

　さらに言えば、当然のことながら、ここまで述べてきたような社会保障制度には、国や地方の公費が投入されており、そちらも限界に達している。

　財源には、国が発行する特例公債（赤字国債）の一部も充てられる。誰もが知る「国の借金」だ。この特例公債の発行がなかった1990年度の当初予算と21年度当初予算を比較すると、40・4兆円の歳出増のうち、実に33・7兆円を社会保障と国債費（国債の利払い・償還などに充てられる支出）の伸びが占めている（図表7）。高齢化の進展に伴う社会保障給付の拡大が、日本の財政赤字の主要因となっていることが明らかにみてとれる。

先進国で最悪レベルに傷んだ国家財政

次に、その国家財政について見てみよう。

国の歳出は、2000年代半ばには80兆円台の規模だった。しかし、リーマン・ショックによる景気後退の影響が大きかった09年度に100兆円を突破して以降、以前の水準に戻ることはなく、90兆円台後半で推移する。そして19年度以降は、当初予算でも100兆円を超えるようになった。

20年度には、新型コロナウイルス感染症への対応のために、3次にわたって補正予算が編成された結果、財政（決算）は、147・6兆円という未曽有の規模に膨らんだ。

22年度予算はそれよりは「縮小」したものの、当初予算107・6兆円、2次補正後139・2兆円という規模だ。歳出の主要経費については、社会保障関係費、地方交付税交付金等、国債費の3経費が全体のおよそ4分の3を占める構造が固定化されている。いわゆる「財政の硬直化」で、他に使えるお金は限定されてしまう。

家計の収入に当たる税収が順調に増えているのであれば、支出（歳出）が大きくなっても、基本的に問題はないかもしれない。しかし、日本の財政の現状は、述べてきたように「借金」なしでは回らない状況になっている。

22年度の新規の国債発行額は、当初予算ベースで36兆9260億円に上る。このうち、歳入不足を補うための特例公債が30兆6750億円を占める（公共事業などに使途が限られている建設国債は6兆2510億円）。歳入全体に占める国債の割合、いわゆる「公債依存度」は、34・3％となり、財政が「国債頼み」であることが一目瞭然だ。

しかも、借金は右肩上がりに増え続けている。22年度末には、ついに1000兆円を突破して、1026兆5000億円まで積み上がる見込みである。

まとめてみよう。財政規模は100兆円、収入のうち「借金」が35％、支出のうち2割以上は「借金返済」（22年度当初予算の歳出に占める国債費の割合は、22・6％）、その上、未返済の借金を年間の財政規模とケタ違いの1000兆円抱えている――。これが日本の財政の現状である。数字だけ見れば、いつ破綻してもおかしくはない状況が理解できるのではないだろうか。

こうした状況を生んだ原因は一つではないが、弥縫策の繰り返しによる社会保障関連費用の増大が主因であることは、論を俟たない。

人口構造の変化は、将来の状況をある程度正確に見通すことが可能だ。にもかかわらず、予測された変化（支える側の減少、支えられる側の増加）に即した制度の抜本的な改革はされてこなかった。社会保障の安定財源の確保を目的に、19年度には、消費税率が10％に引き上げられたものの、22年度当初予算における消費税収見込みは21・6兆円にとどまり、残念ながら、社会保障支出（36・3兆円）の財源をカバーできる規模にはなっていない。

債務を抱えているのは、海外の国々も同じだ。しかし、1990年代後半に財政健全化に向けた方策を実行した他の先進国に比べ、日本の「酷さ」は際立つ。

21年の政府債務残高の対GDP比は、256・9％で、なんとGDPの2・5倍を超える。これに対して、イタリア：154・8％、米国：133・3％、フランス：11

5・8％、カナダ：109・9％、英国：108・5％、ドイツ：72・5％というのが、他のG7諸国の現状である（財務省「債務残高の国際比較（対GDP比）より）。

ちなみに、財務省財政制度等審議会財政制度分科会（22年2月）によると、英国では、23年4月より企業の収益に応じた最高25％への法人税率引き上げなどを含む税制改正法が成立。また、21年9月に公表した医療・介護制度改革に関する計画の財源として、①給与収入（労働者・使用者双方）などの1・25％の医療・介護負担金の導入、②配当所得に対する税率の1・25％引き上げを実施予定である。

また、ドイツでは、20～22年に発行した公債について、2042年までの償還計画を併せて公表した。23年からは財政収支均衡原則を再び順守する予定だという。

各国とも、痛みの伴う改革を断行しながら、特に経済成長に比して借金が過大になることのないよう、具体的な努力を継続しているのである。

付言すれば、日本では企業部門と家計部門が貯蓄超過のため、円建て国債を発行するぶんには問題ない、という意見もある。しかし、高齢化のさらなる進展に伴い、貯蓄を取り崩して生活する世帯が増加すると考えられるため、家計部門の貯蓄超過が未来永劫続くとは言い難い。

また、仮にいわゆる「破綻」状況には至らないとしても、さきほど指摘した社会保障負担の増加に伴う財政の硬直化は、例えば教育など将来世代のための支出を大きく抑制することにつながる可能性がある。そうなれば、公費という資源配分の全体最適を実現できていないことになり、長期的に大きな禍根を残しかねない。

気になる国の財政に関する関心の低さ

財政の話を続けよう。想定外の新型コロナウイルス感染症対策のため、感染が拡大した期間の歳出は、平時とは異なる上積みを余儀なくされた。総額は、２０２０年度のコロナ対策関連費計64・３兆円（会計検査院の検査報告による）、21〜22年度のコロナ対策予備費計10兆円、さらに21年度補正予算における一般歳出額（国費）31・６兆円の計１０５・９兆円程度と推計される。

財源には、主として特例公債が充てられ、その新規発行額は、20年度が86・０兆円、21年度が37・３兆円と、21年の国の税収の約２年分に上ることになった。

２０２２年には、ロシアによるウクライナ侵攻を背景とした国際的な原材料価格の上昇や円安の影響などにより、日常生活に密接なエネルギー・食料品などの価格上昇が続くという、これも予想しない事態が発生した。その対策として、政府は4月に「コロナ禍における「原油価格・物価高騰等総合緊急対策」」（事業規模13兆円）、10月には「物価高克服・経済再生実現のための総合経済対策」（同72兆円）という2つの経済対策を閣議決定した。国民生活を守るために政策当局として何らかの手を打つことは必要だが、その中身ややり方は、十分考え抜かれたものでなければならない。

例えば、結局立ち消えにはなったが、前者の議論の際、一部を除く年金受給世帯に一律5000円を支給するという案が検討された。現役世代に負担が偏り過ぎないよう、賃金や物価の変動率によって年金額を改定するルールを精緻化し、それに従って0・4%の減額が決定していたにもかかわらず、唐突に給付案が浮上したのである。

そもそも、マクロ経済の観点からみると、日本だけが何十兆円にも及ぶ経済対策が必要なのか、大いなる疑問を禁じ得ない。日本のインフレ率は3%程度である。大変なことは確かだが、10%近い状況にあったアメリカやヨーロッパに比べれば、はるかに低いのだ。

2つの経済対策を実行するために、それぞれ補正予算が組まれた。もはや補正予算の編成は、ほとんど年中行事になっている。海外では、追加予算を組む際にも、財政規律の観点から必ずその財源と償還のスケジュールについて議論し決定する。ところが、日本では、補正予算を組み、その財源が赤字国債である場合、どう回収するのかという議論がないまま、支出だけが決まる。サステナブルな財政構造を堅持するという点が、年々曖昧になっていると感じるのは、私だけではあるまい。

政府は、2025年にプライマリーバランス（基礎的財政収支＝税収・税外収入と、国債費を除く歳出との収支）の黒字化を掲げるが、21年7月に示した試算では、実質で年間2％程度を上回る高めの経済成長が続いたとしても、25年度には2兆9000億円の赤字が見込まれる、としている。〝逃げ水〟のように延長されてきた黒字化達成のめどは立っていない。

さらに言えば、こうした経済対策で、例えば中小企業対策にこれだけの費用を投じると、どれくらいの効果が期待できるのか、という点が明確にされないまま国費が投じられている。例によって、効果の検討も不十分だ。

財政支出に際しては、将来的に経済効果を生み出すことが見込まれる分野に対して、選択的に行う「ワイズスペンディング」に徹する必要があるが、そうなっているのかどうかには、大きな疑問符が付く。

　このような政府の「財政規律のなさ」の背景に、国民の財政に関する関心の低さがあることも、率直に指摘しておきたいと思う。

　日本は、常に大規模自然災害の脅威にさらされている。加えて、米中、ロシア、北朝鮮の動向といった地政学リスクも顕在化している。危機が現実のものとなれば、相当程度の財政出動が必要になるだろう。

　すでに新型コロナウイルス対策に関連する財政出動の規模は、東日本大震災時の3倍を超えた。債務償還の期中に次の危機が発生すれば、債務はさらに積み上がる。それが国債や通貨に対する信認の低下や金利の上昇を招き、急激かつ大幅なインフレにつながるかもしれない。最悪、危機にあるにもかかわらず、既発国債の借り換えを含めた財源のファイナンスができなくなる可能性だってあるのだ。

　決して「ありえないシナリオ」ではない。しかし、こうした危機意識が国民の間で共有されているとは言い難い。そのこと自体が、「危機」なのだ。

歯止めがかからない少子化、人口減少

高齢化とともに早くから問題が認識され、対策の必要性が声高に叫ばれてきた少子化だが、結果を見れば「無為無策」と評価されても反論はできないだろう。出生数の減少は、歯止めがかかるどころか、現在進行形で加速している。

リアルな数字を見よう。厚生労働省が発表した２０２１年の「人口動態統計月報年計（概数）」によれば、出生数は、前年よりおよそ3万人少ない81万１６０４人で、１８９９年の調査開始以来、過去最少となった。合計特殊出生率（1人の女性が生涯に産むと見込まれる子どもの数）は、前年比０・03ポイント低下の１・30にとどまった。

一方、死亡数は１４３万９８０９人で、前年より６万７０５４人増加し、戦後最多となった。20年に11年ぶりに減少に転じていたが、１年で再び増加に転じ、１４０万人台を突破したのである。

この結果、出生数と死亡数の差である自然増減数は、マイナス62万８２０５人で、前年より９万６２８５人減少、自然増減率はマイナス５・１で、前年のマイナス４・３よ

り低下した。増減数・率ともに、15年連続で減少かつ低下している。

21年の出生数の減少には、コロナ禍で結婚や妊娠を控えたことの影響も指摘されているが、22年もその流れは止まらなかった。11月に発表された厚生労働省の速報値では、22年1~9月に生まれた子どもの数は、59万9０００人余りと、前年の同じ時期より約3万人も減少した。12月までの3ヵ月間も同様のペースのままで推移すれば、国が統計を取り始めてから初めて80万人を下回る公算が大である。

悲観的なデータばかり並ぶが、21年の出生数をベースにしても、国立社会保障・人口問題研究所が２０１７年に公表した中位推計よりも、6年も前倒しで少子化が進んでおり、さらに加速する傾向にあるのが現実なのである。

振り返ってみれば、合計特殊出生率が「2」を下回ったのは、１９７5年のことだ。また、総人口は、２００8年をピークに減少を続けてきた。厳しい言い方になるが、この間、いくつもの「少子化対策」を講じたにもかかわらず下げ止まらなかったのは、それが実効性のある少子化対策になっていなかったからにほかならない。そのことを真摯に総括し、抜本的な手を打たなくてはならない。

これも世界に目を向ければ、フランス、スウェーデンなど、合計特殊出生率がいったん1・5程度まで低下したものの、2・0近くまで持ち直すことに成功した国もある。もちろん、国情の違い（例えばフランスでは婚外子が多い）などもあるが、それならば、日本に見合った対策を見つけ、急ぎ実行する必要がある。

高齢世代と現役世代のバランスの取れた人口構造は、経済成長はもとより、社会保障をはじめとする各種制度が将来にわたって持続可能であるために、不可欠なものである。文字通り、残された時間は少ない。

ＯＥＣＤ加盟国で最悪の「子どもの相対的貧困」

経済成長を実現し、所得を上げていくためには、イノベーションや産業・企業の活発な新陳代謝が不可欠である。半面、デジタル化に伴う経済的パワーの集中やデジタル・デバイド（インターネットやパソコンなどの情報通信技術を利用できる者と利用できない者との間に生じる格差）などを背景に、世界中で所得や資産の二極化も進んでいる。経済的な格差の固定化を防ぐことは、社会的な重要性はもちろん、経済の活力を維持し、持続的に発展させていくためにも必要であり、機会の平等を保障する政策や施策の重要性がこれまで以上に高まっている。

中でも、これからの経済・社会を担う子どもたちが将来に夢を持ち、その能力・意欲を存分に発揮できる環境を築いていけるかどうかが、さらなる少子化の動向を含め、日本の将来を大きく左右することになる。

ところが、今、日本の子どもの実に7人に1人が、「相対的貧困状態」にあるといわれる。相対的貧困とは、簡単にいえば、国民を可処分所得の順に並べ、その真ん中の人の半分以下しか所得がない状態をいう。その世帯の可処分所得は、2人世帯で180万円未満、3人世帯で220万円未満、4人世帯で254万円未満という厳しさだ（2018年度）。

この状態に置かれている子どもたちは、毎日の衣食住に事欠く「絶対的貧困」とは異なるものの、経済的困窮を背景に、医療や食事、学習、進学などの面できわめて不利な状況に置かれる。そのため、親世代の経済的制約により、子ども世代が成人してからも十分な所得を得られる職に就けないという「貧困の再生産」が発生している。

GDP3位の国でありながら、この「子どもの貧困」において、日本は今、OECD加盟国の中で最悪の水準にある。貧困率は1980年代から上昇傾向となり、85年の

10・9％から、2018年時点で13・5％にまで上昇してしまった。

このような状況の中、2020年に始まった新型コロナウイルスの感染拡大は、貧困世帯に相対的に大きな負荷をかけ、結果としてさらに格差を拡大させる方向に働いた。

この時期、感染症拡大防止のため、対人サービス産業を中心に、営業制限が実施された。一人親世帯のうち特に母子世帯では、親が非正規雇用で対人サービス業に従事する割合が高い（厚生労働省「平成28年度全国ひとり親世帯等調査」によれば、母子世帯の母のうち、「パート・アルバイト」で就業する人の32・8％がサービス業に従事している）。これらの人たちは、所得の減少や雇用機会喪失などの影響を、特に強く受けることになったのである。

さらに、20年春には、小学校、中学校、高等学校および特別支援学校などに対し、一斉臨時休業が要請された。学校給食がなくなった結果、困窮世帯の子どもたちの中には、栄養バランスの良い食事を摂る機会を失った児童もいる。

加えて、困窮世帯ほど、学校での学習機会喪失の影響が大きく、学力格差がさらに拡大する、という事態も発生した。そうした家庭では、住居の間取りに余裕がなく、学習環境の確保が難しい。また、オンラインで補習プログラムなどが提供されても、自宅に

Ｗｉ‐Ｆｉやパソコン・タブレットなどがない、デジタルデバイスに接した機会が乏しいため、支援団体などがそれを配布しても、「宝の持ち腐れ」になってしまう、といった現実的な問題が、次々に表面化したのである。

こうした困窮世帯の子どもたちは、経済的な制約のみならず、本人あるいは保護者に疾患がある、学習環境・習慣に恵まれない、基本的な生活習慣を身につける機会が乏しい、さらには虐待を受けているなど、複合的な課題を抱えていることも少なくない。それに起因する事故や事件もたびたび発生し、「何とかならなかったのか」と暗澹たる気持ちにもさせられる。困難を抱えるすべての子どもを早期に発見し、包括的な支援を提供するためには、行政・学校・ＮＰＯなどの関係機関の間の円滑な連携が不可欠だが、現状では十分とはいえない。

行政は、貧困世帯に対するさまざまな支援策を設けているが、公平性を求められるがゆえに、一律の所得制限などを設けざるを得ず、きめ細かい支援が難しい。予算の執行は議会の承認を受ける必要があり、機動的対応が制約される面もある。

学校は、児童・生徒に関する多くの情報を有しており、教員も児童・生徒の状況把握に努めている。しかし、もともと多忙な教員に、子ども一人ひとりのサポートすべてを任せることは現実的でない。また、多くの教員は、他の職業経験を有しておらず、児童・生徒がさまざまなキャリアパスに関する情報・知見を学校内のみで得ることは、容易でない。

さらに、NPOは、支援についての強い問題意識を持ち、機動力もあるものの、人材や財源、組織運営、行政機関における意思決定や予算編成の仕組みに関するノウハウなどの知識に乏しく、行政や学校とうまく協働できている主体は限られているのが現実だ。所得や健康状態などは、機微に触れる個人情報のため、行政や学校からその提供を得ることができず、支援を要する児童生徒にスムーズにアクセスできていない。

このように、三者の円滑で柔軟な連携が困難なことが、支援の効果と効率を損ねているのである。

もう一つだけ、子どもの貧困に対応するインフラの問題を挙げれば、高校生の「壁」という実態がある。キャリアパスの多様性が乏しい日本では、いったん高校を中退してしまうと、再び教育を受ける機会や就労の選択肢が制約されやすい。こうした中、実は高校生の貧困が、貧困の連鎖からの脱出を阻む大きな要因になっている。

義務教育段階では、市区町村立の小中学校に通うケースが多いことから、困難を抱える児童生徒に関する情報を基礎自治体が一定程度把握している。しかし、高校生になると、学校の設置者が都道府県や学校法人になり、生徒が居住する市町村外の学校に通うケースが増え、基礎自治体ではフォローしきれなくなってしまうのだ。

このため、高校生の貧困問題を適切に把握し、対処することが難しい状況にある。この「壁」への対応がなされないために、各種の施策の効果が中学卒業段階で失われてしまうことが少なくない。

繰り返しになるが、子どもの貧困問題を解決できるかどうかは、日本の将来を左右する。子どもたちは、後述する「生活者共創社会」の最も重要なステークホルダーである。その将来に向けた選択を制約する要因を取り除き、生活者共創社会の担い手として活躍できるようにすることは、すべての大人たちの責務であると考える。

原子力停止の長期化の中、顕在化した「エネルギー危機」

2022年3月、福島県沖を震源とする地震により、運転中の14基の火力発電所、25ヵ所の水力発電所が停止、東北と関東地方で大規模な停電が発生した。停電復旧後も供給の制約は続き、3月22日には、東京電力管内で「電力需給逼迫警報」が発令されている。

地震で発電所が一時的に停止するのは仕方ないとしても、影響が広範にわたり長期化したことは、あらためて今の日本の電力供給の問題点を浮き彫りにした。

ただ、このような事態はまったく想定できなかったことではない。東日本大震災以降、日本の発電、送電インフラが脆弱な状態に置かれ、電力供給のＢＣＰ（事業継続計画）が十分でないことは、電力業界も政策担当者も理解していたはずだ。

具体的には、福島第一原発事故の後遺症により、いまだ多くの原子力発電所が10年以上再稼働できない状況にあることが、脆弱性の根本原因である。２０２２年8月に岸田文雄内閣総理大臣が原発活用方針を示し、運転年限や次世代炉等に関する議論がようやく進展したが、安全性を確保し、着実な再稼働を実現するために一層の研究を進めるべきである。

ウクライナ危機、円安に伴う燃料高が影響して、電気料金がうなぎ上りといえる状況になった。電源供給をある程度原子力でまかなうことができれば、発電コストが下がり、値上げ幅は縮小が可能になる。にもかかわらず、高騰した化石燃料を手当てするために、国富をどんどん流出させているのが今の日本だ。

石油も天然ガスも海外に依存する日本にとって、かねてから指摘されているエネルギー・セキュリティの課題にも、一層注意を払わなくてはならない環境になっている。ウクライナ危機は、石油や天然ガスが「戦略兵器」として扱われることを実証した。世界の分断が進行する中で、さまざまな理由で燃料の確保に支障をきたし、日本が深刻なエネルギー危機に陥るリスクは以前より高まっているとみなければならない。

また、人類の共通課題である地球温暖化阻止に向けて、温室効果ガス削減で目に見える結果を出すという点でも、発電時にCO_2を排出しない原子力発電の果たすべき役割は、きわめて大きい。

政府は、21年4月、世界に向けて「2030年度にCO_2排出量を2013年度比で46％減らす」という目標を示した。国連気候変動枠組条約締約国会議（COP21）で採択された「パリ協定」に基づく長期戦略としては、「2050年までに温室効果ガスの排出量を全体としてゼロ（カーボンニュートラル）にする」ことを掲げている。2050年までのゴールを達成するためには、2030年の目標をクリアすることが必要条件となるだろうが、容易なものでないことは、明らかだ。

産業や国民生活のさまざまな分野で「省エネ」などに向けた取り組みが必要になるが、最優先で実行すべき施策の一つが、電源構成（種別ごとの発電の割合）をCO_2排出量が少ない形に作り変えていくことである。「2021年度エネルギー需給実績」（資源エネルギー庁）によれば、同年度の発電電力量の構成は、火力が72・9％、再生可能エネルギーが20・3％、原子力は6・9％となっている。

日本のCO_2排出量のおよそ4割は、発電（エネルギー転換部門）によるものだ。東日本大震災以降、CO_2を排出する火力発電が7割超を占める状況を変えれば、目に見える効果が期待できるだろう。

発電によるCO_2の排出量削減には、再生可能エネルギーの普及が必要なことも言うまでもない。「エネルギー需給実績」にあるように、21年度には、初めて構成比が20％を上回った。しかし、日本は地理的条件から適地が少なく、今後の開発・投資に関しては、必ずしも楽観視できない面もある。

「太陽光や風力発電などの比率を高めていけば、原発の再稼働は必要ないのではないか」という主張も根強くあるが、それは妥当な考え方ではないことも、あらためて指摘しておきたい。

これら「自然エネルギー」は、気象条件によって発電量が左右される。安定供給が保証されない電源が一定以上のウエートを占めるようになれば、停電などのリスクが高まるのみならず、電気の品質（周波数の安定）に問題が生じて、製造業に悪影響を及ぼす可能性がある。他の電源に比べて発電コストが高いことも、無視できないウイークポイントだと言える。

資源を持たない国、という日本の現実をもう一度見つめ直して、国民生活や産業、CO_2の排出といった観点に照らし、バランスの取れた電源構成を目指すための議論を急ぐ必要があるだろう。

あえて言えば、原子力に関しては、再稼働を急ぐだけでは足りない。原子燃料サイクルを稼働させ、使用済み燃料を「リサイクル」したうえで、そこから出る高レベル放射性廃棄物の最終処分場をどこにするのかということに、きちんと結論を出す必要があるのだ。この点では、地下の深い岩盤にガラス固化体として固定するという処分が、技術的にも安全な方法として確立されており、諸外国でも処分場の調査や選定が進んでいる。

この積年の課題についても、そのハードルの高さゆえに、震災後から長く「継続審議」とされてきた。しかし、最悪のシナリオは、議論を後回しにして時間を空費した結果、原子力に関する技術水準に遅れをとるなどして、日本にとって必要なさまざまな手が打てない状況に陥ってしまうことだ。それは、絶対に避けなければならない。

電力事情について付言しておくと、東日本（50ヘルツ）と西日本で（60ヘルツ）電源周波数が異なるという問題も、長く置き去りにされてきた。東日本大震災直後も、このボトルネックにより西と東の電力融通に支障をきたす事態が生まれたが、今後予想される災害の際などには、致命傷になりかねない。

「新しい脅威」にも対応不足を露呈した

ここまで述べてきたような積年の課題を抱える中、我々は想定外の「新しい脅威」にさらされることになり、いまだ「戦い」の渦中にある。残念ながら、ここでも、日本は危機対応能力という点で、多くの弱点をさらけ出すことになった。

新型コロナウイルス感染症の拡大という事態に直面し、国はまん延防止等重点措置と経済活動の両立という難題を突き付けられた。経験したことのない状況であり、また諸外国のようにロックダウンができない法制度の下にあるなど、政府にも容易ならざる事情があった。しかし、本来できるはずのことができなかったのもまた事実である。

例えば、感染拡大が続く中で、政府は早期のワクチン接種を優先課題に掲げ、国のトップマネジメントが直接製薬企業のCEOと交渉するようなことまでした。そして、実際に比較的早い時期にワクチンを確保することに成功したのだが、問題はそこからだ。量は揃えたものの、必ずしもスムーズな接種には至らなかったのだ。これにもいくつか原因があったのだが、もっとも信じ難かったのは、どこにどれだけのワクチンがあるのか、リアルタイムに把握できない状況になっていたことだ。その結果、せっかく集団接種の体制が設えられたにもかかわらず、受付が停止されるようなことが起こってしまった。そのため、防ぐことのできたはずの重症化あるいは死亡を防げなかった例も生じたはずだ。

一番の原因は、他国から「周回遅れ」の状況に放置されていたデジタルインフラの脆弱性にあった。以前から何度も指摘されながら、有効な手が打たれなかったという点で、明らかな人災と言えるだろう。

コロナ禍で困窮する人たちに、必要な援助が行き渡らなかったことも、デジタル化の遅れと無関係ではない。２０２０年には、住民基本台帳に記載されている人全員に一律

10万円の「特別定額給付金」が支給された。厳しい家計をサポートし、消費の拡大にも結び付けるという触れ込みだったが、その後の各種の試算によれば、実際に消費に使われたのはごくわずか（中には、1割程度にとどまったという試算もあった）で、大半は貯蓄に回った。一方で貯蓄に回す余裕などなく、10万円ではまったく足りない人たちが多くいたことも想像に難くない。

社会的弱者といわれる人たちは、例えば世帯年収200万〜300万円ほどの高齢者世帯や母子家庭であることが多い。高齢者世帯にとっての収入は、基本的に年金や社会保障である。一方で、母子家庭の親は現役の非正規雇用が多く、働いても年収が300万円に届かない世帯が約8割だ。

加えて、この2つの世帯は、年収だけを見れば同じ300万円弱だったとしても、生活の実態がまったく違うこともある。母子家庭では、子どもが満足にご飯を食べられず、着るものにも困っていることがある。新型コロナのようなことが起こると、さらなる賃金カットや失業の危機にも見舞われる。

本来、給付金はこうした収入源の危機に直面した世帯に優先的、選択的に支給されるべきものだった。消費拡大という経済政策としても、それが正しい。しかし、困窮の実態が「わからない」ために、一律支給にならざるを得なかったのだ。

マイナンバーの活用も含め、国民の年収実態などがリアルタイムで把握できる環境にあれば、このようなことは起こらないはずである。同じことは、新型コロナで大きな打撃を受けた旅行業や飲食業への支援についても言えるだろう。

一方で、新型コロナがこれまで「難しい」とされてきた生活や働き方の変革を促す契機にもなった側面もある。例えば、出社を禁じられた人たちは、強制的にテレワークを行うことを余儀なくされた。実は、みんなが定時に会社などの一つところに集まるのではなく、必要に応じて自宅などで勤務できるようにすれば、生産性向上などのメリットが期待できることは、早くから指摘されていた。そういう「働き方改革」を実行して、成果を上げた企業もあった。

しかし、パンデミックに見舞われるまで、多くの社員も経営者も、「会社に行かないと（来ないと）、何となく不安になる」という発想から抜け出せないでいた。対面でないと話が進まない、あるいはパソコンを外部に持ち出すことはできないなどの理由を挙げて、「当社では、テレワークは無理だ」とされていたのである。

ところが、否も応もなくやらざるを得なくなって、やってみたらできてしまった。各社ともわずか数ヵ月の間にシステムを整え、始めてみたら、想像していたよりもコミュニケーションに支障がないということが多く、逆に、毎日出社準備や満員電車に揺られる必要がないなど、時間を効率的に使えるようになったという肯定的な反応が多かった。

こうした点は、本来、〝災い転じて福〟とすべきなのだが、残念なのは、新型コロナの脅威が薄れるや、また元に戻る傾向がみられることだ。もちろん、テレワークでは不十分で、出社が不可欠なケースもあるだろう。だが、せっかく新しいことに取り組んだのに、メリット・デメリットの検証もなしに以前のスタイルに復帰するのは大問題だ。もはや「形状記憶合金体質」とでも言うしかない因習を改める責任が経営者にあるのは、言うまでもないだろう。

ロシアによるウクライナ侵攻という事態も「予期せぬ脅威」となった。それは、歴史的な円安とも相まって、燃料や原材料高、輸送コスト増などを起因とする「悪いインフレ」を引き起こした。日本のインフレ率は、欧米諸国などに比べれば大幅に低いという事実があるにもかかわらず、数十兆円規模の緊急経済対策を打ち出すことに対する疑問は、すでに述べた。

繰り返しになるが、そうした対症療法的な政策を見るにつけ、デジタルインフラと同時に、必要な「統計」が足りていないことを、あらためて痛感せざるを得ない。データを揃えることなしに、ファクトを摑むことはできない。

政府が経済政策、緊急対策を立案する際には、きちんと「ＰＤＣＡサイクル」に則って作業を進め、作成されたものをファクトベースで国民、メディアに説明すべきだと、私は常々主張してきた。ＰＤＣＡでいう戦略（Plan）を作成し、実行（Do）に移す段階で、どうしたら最も効果的なのかを検討するには、まず統計が必要である。うまくいったかを確認（Check）するにも、改善（Action）のサイクルで失敗や反省を踏まえて変えていこうという時にも、統計がなくてはならない。ところが、現実には、そのファクトがあやふやなために、「バラマキ」と揶揄されても仕方のない対策が繰り返されるのではないだろうか。

『日本経済新聞』（２０２２年4月22日付）は、新型コロナウイルス感染症対策として国会に使い道が報告された12兆円余りの予備費のうち、実際の使途が特定できたのは６・５％の８０００億円強にとどまり、９割以上は「使途不明」であると報じた。そうした状況にもかかわらず、国会審議を経ずに執行できる予備費を依然として積み増ししているという現状は、やはり異常である。

日米の金利差を主な要因とした「円安」の脅威についても、触れておきたい。

2022年2月まで1ドル＝110円代半ばで推移していた米ドル／円相場は、10月に同150円ラインを突破し、およそ30年ぶりの円安水準となった。政府・日銀は、「ドル売り・円買い」としては、24年ぶりの市場介入を複数回実施したものの、効果は限定的だった。ただし、その後、アメリカの金利が低下したことから、年末に向けて状態はやや落ち着きをみせ、一方的な円安のトレンドからは脱したかにみえる。

だが、それで一安心するわけにいかない、いや、してはならないというのが、私の見解である。

単に金利差による為替の変動であるならば（それも十分問題ではあるが）、イレギュラーな状態は、どこかで解消に向かう。ただ、日本の国力に対するネガティブな見方が、こうした円安の背景に潜んでいるのではないか、という強い危惧を禁じ得ないのだ。そうだとすれば、これは深刻である。

22年9月末、イギリスの通貨ポンドが10％近く急落し、対ドルで史上最安値を付けた。9月6日にボリス・ジョンソンの後を継いだばかりのリズ・トラス政権は、財源の当てのない450億ポンド（480億ドル）の減税を盛り込んだ経済対策を発表した。この政策が、財政再建・金融引き締めといった中央銀行の金融政策と正反対だったため、市場に嫌気されたのが、急激なポンド安進行の原因だ。株式や国債も下落し、経済市場は大混乱に陥った。

イギリスはジョンソン前首相さえ口にしていた財政規律を緩める方向に進むのかもしれない、そう思われた瞬間、国家が市場の攻撃にさらされた、という言い方もできるだろう。トラス氏は、わずか45日で首相の座から降りることになった。

このような例を出すのは、日本にとって、決して「対岸の火事」では済まない話だからである。前にも比較したが、イギリスの財政状態は、日本よりはずっと「まし」だ。にもかかわらず、場当たり的な経済政策を出したとたんに、政権を揺るがすような危機を招いてしまった。

円安のテーマが、短期的な金利から、中長期の国力、世界に対する円の信用、影響力に変わっていくようなことがあれば、さらにシビアな円売り局面が訪れないとも限らない。もしもそうなったら、為替介入などのテクニックで立ち向かえるレベルを超えてしまうだろう。

そういう事態を回避するためには、繰り返し述べてきたように、財政の健全化に向けた取り組みを具体化し、プライマリーバランスの均衡に向けた努力を重ねていることを、具体的な形で世界に示す必要がある。

同時に、「失った30年」の中で、日本の成長力が衰退している、というイメージを世界のマーケットに与えてきたことも、とても心配だ。まだ危機的な状況には至っていない現在の水準のうちに、生産性を高め、競争力を上げていく、あるいは経済構造を立て直していくという、当たり前のことに真剣に取り組む姿勢を見せて、行動に移すことが求められている。

今回の円安は、我々にやるべきことを指し示すメッセージだと捉えるべきである。

最後に、これから今まで以上に真剣に向き合わねばならない脅威についても、述べておきたい。

プーチン大統領によるウクライナ侵攻が、言語道断の振る舞いであることは言うまでもないが、彼の行動によって目を覚まされた思いがしたのは、私だけではあるまい。権威主義体制の権力者は、「やるときには本当にやる」のだ。そしてこれもまた、「対岸の火事」と言ってはいられない。

2022年10月、中国の習近平国家主席は、自らの側近が大多数を占める3期目の体制を発足させた。中国による台湾侵攻も、リスクの度合いが一段階上がったとみる必要がある。当然のことながら、中国が何らかのアクションを起こした場合、アメリカも黙ってはいない。これまでは、米中経済摩擦を背景にした“Cold War”だったものが、“Hot War”に転じる可能性が、より現実味を帯びてきたのは確かだろう。少なくとも、南海トラフ地震や首都直下型地震と同様にいつ起こるかわからない大きなリスクに対する危機感を持つべきである。

「自国ファースト」の傾向が強まる中で、政府は必要な物資の供給が滞ることのないよう、「経済安全保障」の取り組みを進めてきた。22年5月には、「半導体などを安定的に確保するサプライチェーンの強化」「サイバー攻撃に備えた基幹インフラの事前審査」「官民協力による先端技術開発」「原子力や高度な武器に関する技術の特許非公開」を柱とする経済安全保障推進法が成立した。

その実行は、もちろん重要だ。ただし、身近で武力戦争などが発生したら、もうそんなことも言っていられなくなってしまう。国の安全保障なくして、社会も経済もないことを肝に銘じなくてはならない。

第二章

日本の強みとは何か

目標が共有されれば、一気に進む国民性

第一章では、「失った30年」の結果、さまざまな「負の遺産」を背負うことになった今の日本の姿を、海外との比較も示しながらリアルに見てきた。国の経済にしても、財政にしても、「どうにかなる」「誰かが助けてくれるだろう」という楽観論が成り立たないことは、理解いただけたはずだ。

最初にも記したが、「失った30年」を取り戻し、日本を成熟期にふさわしい国の姿につくり変えていくためには、今、行動を起こす必要がある。確かに、日本が抱える問題の根は深く、解決が求められる課題は多岐に及ぶ。しかし、「もうダメだ」と悲観するのみで傍観を続ければ、さらに貴重な時間は浪費され、国の再興に向けた最後のチャンスを逸することになってしまう。

私は、現状を軽視するのと同様に、過度に悲観するのも間違いだし、その必要もないと思っている。成功体験に浸ることは許されないが、日本がゼロからのスタートで、ご

く短期間に世界2位の経済大国に上り詰めたのは、紛れもない事実だ。それを成し遂げた力が、そっくりどこかに消えてしまったわけではないのである。

あるいは、日本は、「コロナ後に訪れたい国」の第1位に選ばれるような、世界から見て非常に魅力のある国でもある。そう思われるのにも、ちゃんと理由がある。こうした事実も、広い意味での「国力」と言っていいだろう。

このような日本や日本人の持つ多彩な魅力や能力を、今こそ我々自身が信頼し、そこに確信を持つべきではないだろうか。日本には、他国にはない「強み」があるのだ。ここでは、あらためてそのことを再確認しておきたいと思う。

日本人には、コンセンサスを得るには時間がかかるが、目標が共有されればその実現に向けて一気に進む、という国民性がある。それは、過去の経験からも明らかだ。

振り返れば、「グランドデザイン」と呼べるような国レベルの目標としては、例えば250年近く続いた幕藩体制を一気に作り変えた明治維新があった。戦後で言えば、池田勇人内閣の「国民所得倍増計画」や、田中角栄内閣の「日本列島改造論」がそれに当たるだろう。それらは、あまりに急速な経済発展や、大規模な開発などに伴う負の現象も生んだのだが、日本経済に大きなインパクトを与え、社会を作り替えたのは確かである。

重要なのは、日本国民がこれらの目標を「自分ごと」として捉え、夢を託したことだ。だからこそ、その実現に向かって、企業も地方自治体も大学も、一致団結して行動し、世の中に変革をもたらすことが可能になった。何度も言うが、必要なのは一致団結できるグランドデザインで、それが示されたら確実に実行されるだけのポテンシャルが、日本にはある。

高い教育水準、世界に冠たる技術力、先人が積み上げてきたさまざまな社会インフラをはじめ、そのポテンシャルの背景にあるものを挙げれば、きりがないほどだ。後述する「武士道」や「論語と算盤」に象徴される、国民全体に染みついている精神性も、日本の大きな武器である。

貧富の格差は拡大基調にあるが、他国ほどはシビアではないことも、正確に見ておく必要がある。いい意味で中庸（Golden Mean）な「分厚い中間層」の存在は、安定的な需要、消費の源なのだ。うまくそれを喚起することができれば、経済成長に大きく寄与してくれるはずなのである。

日本人が知らない「恵まれた良い国」ニッポン

日本が世界からどのように見られているのかを知れば、自らの強みを客観的に評価することが可能となる。いくつか紹介してみたい。

さきほど「コロナ後に訪れてみたい国」で、日本が1位だったと述べた。これは、日本政策投資銀行（ＤＢＪ）と日本交通公社（ＪＴＢＦ）による共同調査で、２０２１年10月にオンラインで実施された。

海外在住のおよそ７０００人の回答者に「次に海外旅行したい国」を質問したところ、選択肢として用意された世界の31の国と地域の中で、前年（20年12月）に続き、日本がトップになったのである。アジア居住者の67％、欧米豪居住者の37％が「日本に旅行に行きたい」と答えたそうだ（複数回答）。ちなみに、アジア居住者の行きたい国の２位は韓国（43％）、欧米豪居住者の2位はアメリカ（33％）だった。

日本に行きたい理由では、「以前も旅行したことがあり、気に入ったから」（88％）、「行きたい観光地や観光施設があるから」（84％）、「清潔だから」（83％）、「食事が美味しいから」（83％）、「治安が良いから」（79％）などが上位を占めている。

このように、「日本は平和で治安がいい」というのは、世界の共通認識となっており、国際的なシンクタンクで、オーストラリアのシドニーに本社を置く経済平和研究所（IEP）が毎年発表している「世界平和度指数（GPI）」では、それが数字で裏付けられている。報告書が対象にするのは、世界人口の99・7％を占める163の国と地域だ。「社会の安全・安心のレベル」「進行中の国内・国際紛争の程度」「軍事化の度合い」という3領域で、合計23の定性的、定量的指標を用いて、調査・測定を行っている。

その2022年版（第16回）で、日本は10位にランクされた。1位は、15年連続でアイスランドとなり、2位以下はニュージーランド、アイルランド、デンマーク、オーストリアの順だった。G7の中では、日本がトップで、2位カナダ（世界順位12位）、3位ドイツ（同16位）が続く。G7で7位のアメリカの世界順位は、129位となっている。

また、米誌『USニュース・アンド・ワールド・リポート』が発表した2021年版「世界最高の国ランキング」で、日本はカナダに次ぐ2位となった。この調査は、ペンシルベニア大学ウォートンスクールなどと共同で毎年実施しているもので、今回は世界78の国・地域を対象に、生活の質や市民の自由度、文化的な影響力、政治の安定などの項目について評価、ランク付けが行われた。誌面では、自動車、電子機器などの産業は世界でもトップレベルにあると評価され、茶道、書道、武道などの伝統文化、寿司をはじめとする食文化も紹介された。

さらに、パリに本社を置くグローバル市場調査会社「イプソス」が毎年発表する「国家ブランド指数（Anholt-Ipsos Nation Brands Index^{SM}）」の２０２１年版で、日本は調査対象の60ヵ国中、ドイツ、カナダに次ぐ堂々の第３位にランクされた。得票数は昨年の67・81ポイントから70・52ポイントに上昇し、２位のカナダとは０・12ポイント差と僅差だった。

この調査では「国民性」「観光」「文化」「輸出」「ガバナンス」「移民と投資」の６分野における魅力度から、国のブランド力が評価される。日本は、このうち「国民性」「観光」「文化」「輸出」の４分野で高い評価を受けた。やはり、旅行先としての魅力が高く評価されたことに加え、「なくした財布がそのまま戻ってくる」と驚かれる誠実さ、いまだに根強い“Made in Japan”の商品に対する信頼性なども、高評価につながった。

これらのデータは、大々的にメディアで取り上げられることもなく、恐らく多くの日本人にとって「初耳」なのではないか。しかし、説明したように、これは世界のしかるべき機関が指標を明確にして、グローバルに調査した上での「格付け」である。経済成長などの面で後れをとりながらも、日本はこれだけ世界から評価され、リスペクトも受ける国なのである。

あえて言えば、政治家もメディアも我々経営者も、ともすれば大いに自分の国の「ダメさ加減」を語ることで、問題意識の高さを誇示するようなところがありはしないだろうか。それは、現実をリアルに見て、具体的な解決策を探っていこうとする発想や行動とは、似て非なるものだ。自虐的なメンタリティが生むものは少ない。日本の強みに自信を持ち、前に進みたい。

武士道は単なる「武士の生きざま」ではない

ところで、序章で、日本にはお互いの立場や利害を乗り越え合意を作り出そうと努力する「ステークホルダー主義」の実践において、他国に対する優位性がある、それは「武士道」や「論語と算盤」に象徴される価値観だ、と述べた。

武士道とは、ずいぶん大時代的なものを持ち出したものだ、と思われるかもしれない。

しかし、新渡戸稲造が研究し体系化したその概念は、古臭いどころか、あからさまな「自利」の衝突がさまざまな危機を表面化させているこの21世紀の世界において、その状況を解きほぐしていく「解」の一つになり得るものだ。

その価値観に基づく「日本の目指す姿」こそ、今の日本に求められているものであり、それを実践することで、「いて欲しい国、いなくては困る国」に近づくものと、私は考える。

なぜそのように考えるのか、そもそも武士道とはどういうものなのかを述べてみたい。

武士道という言葉は、えてして「武士らしい生きざま」のようなイメージ（例えば、何かあったら潔く腹を切る）で語られることがあるが、そうではない。「宗教」でも「哲学」でもない。

教育者、外交官であり農業経済学者でもあった新渡戸稲造が、英語で『武士道』を書いたのは、アメリカ人の妻から、日本で道徳的な考え方や習慣が行き渡っている理由を聞かれた際に、はっきり返答できなかったことがきっかけだった。はたしてなぜなのか、日本人の思考の歴史や文化がどのように形成されてきたのかを研究し、たどり着いたのが武士道だったのだ。

日本人の意識の根底には、「公の意識」や「名こそ惜しけれ」、要するに「恥ずかしいことをするな」といった高い道徳性・精神性がある。

このような伝統的な精神構造は、例えば近江商人の「三方よし」(売り手と買い手が満足するだけでなく、社会に貢献できてこそよい商売といえる、という考え方)にもつながっている。個人の利益のみを追求するのではなく、自利と利他のバランス、全体最適や調和を重んじるわけである。それらは、もともと武士が重んじた道徳だった。

ところで、新渡戸稲造は『武士道』の第一章で、武士道を「武士が守るよう求められる、またはそのように教えられる、道徳的規範である」と定義している。さきほども述べたように、それは哲学ではなく、「実践知」であり「行動規範」なのである。では、どうしてそのような規範ができたのか? ここが重要なポイントだ。

武士というと聞こえはいいが、要するに権力にとっての暴力装置、人殺しを厭わぬ荒くれ者の集合である。めでたく権力の座に上り詰めたものの、彼らがそれぞれ「自利」を振りかざして争いを繰り返していれば、天下の太平など覚束ない。武士以外の人たちからそっぽを向かれれば、国の支配も困難になるだろう。

武士道は、武士が支配階級であり続けるために必要不可欠なものとして、自らに課した規範だった。そこには、仏教、神道、儒教などの教えも盛り込まれ、仲間や社会からリスペクトされるためにはどう振る舞うべきなのかが、ルール化されていったわけである。

新渡戸は、著書でそのルールを「義」「勇」などに分類して提示し、解説を加えた。例えば「義」は、武士道において最も厳格な徳目で、個々人が理性に基づいて、世のため人のためにためらいなく決断を下し、行動する力を指す。社会の公益に関わる徳目で、「三方よし」は、これがルーツと言える。

「勇」は、蛮勇を振るうことではなく、目的が伴う勇気を指す。また、「仁」について新渡戸は、「封建制はややもすれば軍国主義に陥るものだが、そのなかでも我々を最も悪しき暴政から救ってくれたのが仁である」と記した。戦の中で人を殺めるだけの力と体格を有する者は、慈悲の心も示さねばならない、と強調するのだ。彼は、武士道における包括的概念として、「穏やかな振る舞い」と「静かなる心」を特徴とする「克己」、すなわちセルフコントロールも取り上げている。

１９０４年４月、時のアメリカ大統領セオドア・ルーズベルトは、日本の政治家で外交官でもあった金子堅太郎に手紙を送り、最近金子から贈られた本について、次のように感想を述べた。

「私が思うに、親愛なる男爵殿、日本は西洋に教えるべきものを多数有しているようだ」

この1冊こそ、新渡戸の『武士道』にほかならない。ジョン・F・ケネディ大統領も、これを座右の書の一つに挙げている。

武士道の価値観が他国にない優位性を孕んでいるというのは、エビデンスを欠く、独りよがりのこじつけなどではないのだ。時代は進んで、かつては考えられなかった形で世界の分断が露わになる中で、そこに示された精神が、ますます輝きを増しているのは間違いない。

『論語と算盤』についても触れておこう。これは、日本資本主義の父と称された渋沢栄一の著作名で、そこに示された経営哲学を象徴的に言い表した言葉である。言うまでもなく、「論語」は中国春秋時代の思想家、孔子の教えを弟子たちがまとめたものだ。「算盤」とは、利益を追求する経済活動を指す。

渋沢自身、実業を行う上で論語を規範としていた。ともすれば、利潤追求一辺倒になりがちな資本主義の世の中を、論語に裏打ちされた商業道徳で律する。同時に、公や他者を尊重し優先することで、全体の力で豊かな社会を実現していこう、という思想を確立し、貫いたのである。

ただ、それは単純に「論語」と「算盤」という一見相反するものを対置したうえで、両者のバランスが大切だ、というものではなかった。例えば、自分だけ儲ければよいという発想を貫いて利益を独占するようなことをすれば、やがて社内でも社会からも孤立して、事業の継続は困難になるだろう。社会全体が豊かにならなければ、商売も発展できない。渋沢が説いたのは、「論語を元にした道徳心と、善意の競争による経済との融合」である。『論語と算盤』の出版は、1916年であり、今から100年以上前に、「経済の持続可能性」に着眼していたのは、さすがと言うしかない。

渋沢は、500社近い企業の創立・発展に貢献し、今も残る名門企業も数多い。その思想に影響を受けた創業者、経営者も多くいて、『論語と算盤』に即した経営理念を掲げる企業が少なくない。日本の企業社会にそうした理念が深く浸透していることも、「強み」と言っていいだろう。

2022年末に中東・カタールで行われたサッカーワールドカップで、日本は欧州の強豪を次々に倒した快進撃だけでなく、その「名こそ惜しけれ」の精神で世界を驚かせた。観戦を終えたサポーターたちは、自主的にスタジアムでゴミを拾い、選手たちはロッカールームを清掃した上に、折り鶴とともに、現地スタッフに対する「ありがとう」という感謝のメモを残した。

注目すべきは、そうした行為がただ驚きをもって迎えられただけでなく、世界中の人々から手放しの称賛を受けたことだ。そのことの意味を最も理解する必要があるのは、我々日本人なのかもしれない。

第三章

幸福と成長を達成する
「生活者共創社会」

日本復活のキーワードは「生活者」

本章では、我々が提案するビジョン「「生活者共創社会」で実現する多様な価値の持続的創造」がどういうものなのか、そこで目指す社会を創り上げるために何が必要なのかについて、話を進めていきたいと思う。

基本認識として、社会の安定と発展には、「個人の幸福（欲求充足）」と「経済の量的拡大」が必要であると我々は考える。それを、第二章で語ったような日本の伝統・文化・精神を携えた「生活者（SEIKATSUSHA）」が、その選択と行動で共に創り上げる「生活者共創社会」として実現していきたい、というのが構想の骨格だ。

先にも述べたが、我々が目指す社会は、開かれた議論を通した社会的合意形成に基づくべきであり、それに向けた論点や選択肢を提示する一策として「未来選択会議」を設けた。そこでの議論も踏まえて、若者自身が描いた遠くない将来（10年後）の日本らしい社会の姿を具体的に提示した。その実現に向け、提言では、「経済成長」「社会包摂」

「持続可能性」の3つの観点、18項目からなる指標を用いて「日本再興のKPI」を示している。

ごく簡単に概要を説明すると以上になるのだが、読者がもっとも気になるのは、わざわざローマ字表記を付けている「生活者」とは何を指すのかということではないだろうか。

通常、生活者と言えば、「消費者」「市民」といったイメージで捉えられると思うが、ここでの「生活者」は2つの点で、それらとは異なる概念である。まず、それについて説明したい。

第1に、社会の変革を目指すこのビジョンで定義する「生活者」は、特定の立場や属性（例えば「消費者」）を説明しようとするものではなく、その概念は幅広い。

社会を大きく変えていく原動力が、それを構成する個人の志と組織の力であることは、言うまでもないだろう。日本の伝統・文化・精神を理解する「個人」や、主としてそれらの人々からなる「組織」を、国籍や活動の拠点が国の内か外かを問わず「生活者」と呼ぶことにしたい。ひとことで言えば、それが「共創社会」を目指す「生活者」なのである。

だから、私も「生活者」だ。私は経済同友会の代表幹事であり、SOMPOホールディングスのグループCEOであり、プライベートでは、夫であり親であり祖父である。スーパーマーケットによく行く消費者でもあり、選挙においては有権者となる。このように、企業の従業員、経営者、政治家、公務員、主婦、学生などの全員が「生活者」なのである。

加えて、そうした個人が集まって構成する企業・団体、政党、議会、自治体、省庁、学校といったあらゆる「組織」も「生活者」とみなす。これらを「生活者」と呼ぶのには違和感を覚える人もいるかもしれないが、逆に言えば、そうした組織が個人と同じ方向を向いて行動を起こさなければ、世の中の変革などありえないということだ。これら「組織」も、いわば人格を持つステークホルダーとして、そこに加わってもらわなくてはならない。

第2に、「消費者」「市民」と言う場合、ともすれば、そこに「何かをしてもらう人」「要求する人」という意味合いが付加されていることが珍しくない。もちろん、国などに対して正当な要求を行うことは、否定されるべきものではない。しかしながら、ここで言う「生活者」は、初めから他者に依存しようとする人、行動せずに不満ばかり募らせている「くれない族」とは、正反対の概念であることを強調しておきたいと思う。

ジョン・F・ケネディは、大統領就任演説で、「国家が君たちのために何を成し得るかを問うな。君たちが国家のために何を成し得るかを問いたまえ」と述べた。そのような考え方を正面から受け止め、主体的に考え、他者と協働して進んでいくのが、この提言の「生活者」なのである。

付け加えると、今説明したような「生活者」の概念を適切に言い表すことができる英語の訳語は、存在しない。そもそも、このような包括的な概念を持つことのできる国自体が、世界では決して多くはないと考えられる。経済同友会の議論においても、民度が高く、大きな一つのまとまりをつくることができる「生活者」の存在は、持続可能な社会実現に向けた日本らしいアプローチの可能性を広げている、という指摘があった。また、世界経済フォーラムのクラウス・シュワブ会長と面談の機会があった際に「生活者共創社会」のコンセプトを話したところ、「それはステークホルダー資本主義と考え方が同じである」と大いに賛同してもらい、「簡単ではないが、実現に向けて取り組み続けてほしい」との応援の言葉もいただいたことを紹介しておきたい。

なお、あえてローマ字（「SEIKATSUSHA」）表記を併記したのは、この提言を国内外へ発信していく際、この日本ならではの概念がより正確に伝わるよう、考慮したためである。

社会の安定と発展のカギは、個人の「幸福」と経済の「成長」

世界は、グローバリズムの進行と反グローバリズムの台頭、自国第一主義の加速、多国籍巨大IT企業による寡占化、格差と分断といった問題が顕在化し、これまで経験したことのない困難に直面している。将来が見通しにくい「VUCA」の時代に突入した、とも言われる。VUCAは「Volatility（変動性）」「Uncertainty（不確実性）」「Complexity（複雑性）」「Ambiguity（曖昧性）」の頭文字を並べた、もともとは軍事用語だった造語で、4つの単語が示す通り、変動性が高く、不確実で複雑、さらには曖昧さを含んだ社会情勢を示す。

こうした時代にあっては、「目指すべきもの」をより一層、旗幟鮮明にする必要がある。我々が掲げる旗は、「社会の安定と持続的発展」、そのための「個人の幸福（欲求充足）と経済の量的拡大」である。

一つ述べておきたいのは、我々が掲げるビジョンは、「経済の拡大」が一枚看板のものではない、ということだ。これも繰り返しになるが、ノーマルな成長を達成できていない日本の現状は、大いに問題だ。経済が立ち行かなくなれば、幸福追求の基盤も損なわれてしまう。しかし、だからといって成長率のみを自己目的化することには、もはや意味がない。無理をすれば、さらに社会の歪みを拡大する可能性さえあるだろう。

例えば、率直に言って、経済規模を金額で測るＧＤＰで日本が中国を抜き返すのは、もはや不可能に近いだろう。では、日本は中国に負けたのか？　経済大国となった中国の人々は、こぞって日本に来たがり、日本製品を大量に買っていく。日本という国に魅力を感じるからであり、そこで生産されるものに信頼を寄せるからにほかならない。そういう点も含めた「国力」こそ、競われるものだと考える。

本題に戻ると、我々が目指すべきものの一つが、個人の欲求の充足である。ただ、欲求といってもさまざまだ。とりあえず、今の生活に満足している人もいれば、望んでも欲しいものを手にすることができずに、呻吟している人もいるだろう。欲求は、金銭で買えるものとも限らない。

これからの日本社会を考えるとき、ここでも「昭和時代の発想」を転換する必要があることを痛感する。家電や車といった〝モノ〟に対する執着が強かった世代に対し、今の多くの若者たちは、経験や行動といった〝コト〟に対する欲求を高めている。例えば、高級車やブランドのバッグよりも、自分のやりがい、生きがいを大切にしたいという志向を持つ人が、明らかに増えているのである。

モノに対しても、見方は大きく変化している。世の中に流通している商品、サービスは、基本的に同じものは同じ値段で供給される「一物一価」の法則に則っている。しかし考えてみれば、同じものでも人によって受け取る価値には違いがある。そして人々が「自分が本当に欲しいものだったら、高くても買う」という行動を厭わなくなったことで、「一物多価」の現象が生まれているのだ。素直に評価すべきことだと、私は思う。

当然のことながら、本人が望むもの（例えば、安心して生活できる衣食住）や、価値があると思うこと（例えば、やりがいのある仕事）を実現することで、幸福（Happiness）の度合いは高くなる。何が「幸せ」なのかは人それぞれながら、共通するのは、自分で、あるいは自社でその行動を決定できているかどうか、すなわち「自己決定」ができるかどうかである。仕事であれプライベートであれ、これは幸福度に大きく影響する。

例えば、ハードな仕事でも、自らの裁量で「やる」と決めたことであれば、多少辛いことがあっても頑張れる人が多いのではないか。成果を上げることができたら、大きな満足感・達成感が得られ、幸福感は大きく高まる。仮に思ったほどうまくはいかなかったとしても、「自分で決めたことだから」と、気持ちを切り替えることができるだろう。

これに対して、上司に命令されて嫌々やる仕事、目的や評価に納得感の得られない業務に、幸福を感じるのは難しい。多くの場合、職場で心を病んでしまったりするのも、このパターンだと言えるだろう。

自己決定できているかどうかは、職場をはじめさまざまな選択の重要な指標になる。その前提として、多くの選択肢が用意される世の中でなくてはならない。みんなが自己決定できる社会環境を協力して創り上げていくのも、「生活者共創社会」の重要課題となる。

一方、「経済の量的拡大」についても、何よりも人々が求める一人ひとりの幸福感の向上に貢献できるかどうかが、ポイントになることを指摘しておきたい。企業をはじめとする供給者が、その事業活動を通して、人々の時代に即した欲求を満たす商品・サービスをタイムリーに市場投入することができれば、付加価値は増大していく。

さきほど述べた「一物多価」の取引が増えていくことは、供給側にとってもチャンスである。「高くても買う」ニーズを取り込むこともまた、付加価値の創造に結びつくからだ。

くわしくは後述するが、経済成長の源泉は、一にも二にもイノベーションである。それも、民間、企業、個人が主体となり、自己決定するものでなくてはならない。

民主主義に立脚した合意形成で実現する「生活者共創社会」

変革の主体である「生活者」としての個人が、家族の一員、地域社会の住民、消費者、有権者といった多面的な役割や立場を持つ存在であることは、すでに説明した。その生活者が、短期か長期か、あるいは自利か利他かなどの多様な価値観や考えに基づいて、消費、投資、進学、就職、投票などの機会ごとに、主体的に選択し行動する。「生活者共創社会」は、それを通じてでき上がっていくものだ。

ここで重要なのは、さきほども述べたように、生活者には、傍観者・評論家にとどまることなく、常に当事者としての参画が求められることである。加えて、そうした社会的合意形成は、常に民主主義の基盤に立脚して行われていなければならない。

政治においては、直接民主制と間接民主制、さらに小選挙区制や比例代表制など、それぞれ一長一短こそあれ、明確なルールの下で意思決定メカニズムが機能している。社会の変革は、その仕組みに則った多数派の形成という粘り強い努力を通じて達成されるものだ。

一方、合意形成、世論の喚起という点では、SNSの活用にも注目する必要がある。匿名性の負の側面である無責任性、意図的なフェイクニュースによる誤誘導といった課題の克服が前提となるが、社会インフラ化したSNSで生活者が発信を行うことにより民意が醸成され、目指す社会変革への合意が実質的に形成されていく可能性は大いにあると考える。そうした手法が、民主主義を形づくる新たな柱となっていくかもしれない。

いずれにせよ、生活者の選択により社会的な合意形成を図っていくためには、民主主義という制度が必要不可欠である。我々が獲得した普遍的価値である民主主義を堅持し、決して専制、独裁政治を招くことがあってはならない。

変革の運動自体にも、高い見地からの民主主義の貫徹が求められる。全員が賛成する解が容易に見出せない時代にあって、これは、あえて多種多様な利害・立場を持つすべての生活者の参画を目指す運動だ。そうやって参画した生活者が、相互に力を合わせて助け合う日本らしい共助の精神の下、未来の選択を通して共に創り上げるのが「生活者共創社会」である。

もちろんそれは、自分たちの住む日本という国の抱える課題を解決し、新たな未来の実現を目指すものだが、単なるドメスティックな改革にとどまるものではないとも考えている。

我々は、「生活者共創社会」で実現する国の姿を、「経済の規模だけでなく、社会のあらゆるステークホルダーのHappinessという多面的な価値、質的な成長を追求するクオリティ国家」、世界から見て「いて欲しい国」というだけではなく、「いなくては困る国」と定義した。

「課題先進国」日本の社会改革には、世界に通じる普遍的な意義があるはずだ。そうしたものを世界へ広く発信していくのも、我々の使命である。

忖度、シナリオ、タブーなしの「未来選択会議」

我々の直面するさまざまな社会課題は、たとえ産業や経済に関わるものであっても、経済界だけで議論して解決できる時代ではなくなっている。また、政府の会議体などは、メンバーの大半を各分野の専門家や関係組織の代表者などが占めていて、実績とキャリアを積み重ねた人間であることは確かだが、国民、中でも将来を担う若者の意見が十分反映されにくい構造であることが問題視されている。

それだけが理由ではないかもしれないが、政府が毎年策定する経済成長戦略は、国民が満足できる成果を上げられてはいない。議論に参加する人たちのダイバーシティをより推進するとともに、政策決定プロセスの複線化を検討すべきだと考える。

こうした基本認識の下、経済同友会は政策決定プロセスの複線化の試みとして、マルチ・ステークホルダーによる開かれた議論の場である「未来選択会議」を2020年9月に発足させた。決定・施行された政策の影響をより長い期間にわたって受ける人たちこそ、より多く、より深く政策決定プロセスにコミットするべきという考えから、ステークホルダーのうち、特に学生や若手ビジネスパーソンの参画を得て、これまでに計8回のオープンフォーラムなどを開催してきた。

そこで重視されるのは、「現在」よりも「未来」の利益を選択する議論、エビデンス（データやファクト）に基づいた議論である。企画・運営には、アカデミア、若手起業家、若手官僚、ソーシャルセクター若手代表などで構成する準備会合が携わっている。今後とも広く「生活者」の参画も得ながら、政界、労働界、各地経済同友会や地方自治体関係者などとの協業に取り組んでいきたいと考えている。

ところで、この「未来選択会議」には、従来にはない3つの特長がある。

第1に、参加者は、10代から80代までの幅広い年代の人たちで、性別、所属・肩書などの違いを超え、自由闊達な議論が行われること。第2に、日本の将来を決定づける重要課題について、選択肢や論点、対立軸を抽出して世の中に発信することを目的とし、議論においては一切の忖度、事前シナリオ、タブーがないこと。第3に、経済同友会の会員だけでなく、多様なセクターの次世代とともに企画を立案し、未来のため、次世代のための選択肢を議論すること——である。

ここでの議論は、例えば、「女性の社会進出」はもとより、「男性の家庭進出」の発想が必要だという指摘など、実際に「生活者共創社会」の提言に生かされている。

「未来選択会議」がどんな雰囲気で行われているのか、その一端を知ってもらうために、やり取りの中で印象に残っているものを、紹介しておきたい。

1つは、日本のエネルギーに関するテーマで議論を行った時だ。カーボンニュートラルを実現するためにも原子力発電の利用は不可欠ではないか、という方向で話が進んでいる際に、一人の女性が挙手して、次のように発言した。

「国の掲げる目標を達成するために、原発や再生可能エネルギーが必要なのだというのはよくわかった。しかし、その結果、毎月の電気代はいくらになっていくのかがまったく示されていない。家計をあずかる主婦としては、その見通しがないままに賛成か反対かと言われても、返答に困ってしまう」

まさに生活者、消費者としての肉声で、「なるほど」と思ったものだ。また、無意識の思い込み（アンコンシャス・バイアス）に焦点を当てて議論したときだった。高校生の「バイアスを通したカテゴリーで他人のことを見がちである。個に注目したらアンコンシャス・バイアスはなくなる」との発言ではハッとさせられた。

もう1つ、出てくる意見が予想と違ったという点でインパクトの大きかったのが、若者の政治参加をテーマにした議論だった。投票率の低い若者に、どうやって投票を促すか？　その問いに対して、「課題を取り除いたうえで、インターネットの活用が選択肢になるのではないか」という提案をすれば、若者は賛成し、それ以外の人たちは反対が多いのではないかと予想していた。だが、意外なことに若者の意見は真っ二つに割れた。

反対の理由は、単に「個人情報が漏れるリスクがある」とか、「ネットのトラブルで投票ができなくなったらどうするのだ」というようなことではなかった。「そもそも論として、選挙というのは投票所に行ってするものだ」と彼らは主張したのだ。「わざわざ投票所に行くとなると、少なくとも候補者や政党が何を言っているのか、別の候補者との違いはどこにあるのかを検討しなくてはならない。スマホで簡単に済ませられるようになれば、十分考えることもせずに一票を投じるケースが増えるのではないか」「投票率はアップするかもしれないが、それでは本末転倒だ」。中には、「考えるのが面倒くさいのだったら、そういう人は投票などしないほうがいい」とまで意見を述べる人もいた。

こうした集まりに出てくる人たちだから、相当程度「意識が高い」ことは差し引く必要があろう。しかし、彼らなら使い慣れたネットを選挙で活用することにもろ手を挙げて賛同するだろうと思い込んでいた私には、驚きの反応だった。

もう一つ、彼・彼女からの指摘で深く胸に刻んだ言葉がある。未来選択会議を何度か重ねた後、２０２1年の経済同友会夏季セミナーに若者を招き、「日本社会の変革に向けた経済同友会のミッション」をテーマにディスカッションをした時だ。夏季セミナーと言えば、経済同友会の幹部クラスの経営者が30名超も居並び、マスコミも多数取材に来る大型の会議である。その場で、大学生から「私たちは未来選択会議の〝お飾り〟なのか」「自分たちの述べた意見は、本当に世の中に反映されていくのか」と痛烈な言葉をぶつけられた。

経営者だけでなく、幅広い世代が参画する議論の場を目指して未来選択会議を設立したが、その主体である若者が、体裁を整えるために呼ばれているように感じると言うのだ。私はこれを大いに反省すると同時に、このいたって率直な、正直な声を上げてくれた若者たちの存在に大変勇気づけられた。先に述べた未来選択会議の準備会合は、この指摘を受けて企画・運営面の改善を図るために設置した機関である。

また、さらに「未来選択会議」に参画するステークホルダーを拡大しつつ、将来的には、例えば独自の提言も可能になるような組織として、バージョンアップを行いたい。

こうすることは、課題解決を先送りせず、決めるべき時に決める決め方を含めて社会的合意形成を促進する一助になり、未来選択会議の設置目的である政策決定プロセスの複線化に向けて一歩前進すると考えている。

10年後のあるべき日本の姿

では、「生活者共創社会」を実現した日本は、どんな姿になっているのか？　それができるだけ具体的に語られることも重要だ。その際、最も依拠すべきは、率直に言って私のような年代の人間の願望ではなく、未来を生きていく若者世代の思いだろう。

我々は、「未来選択会議」や経済同友会会員所属企業などのつながりを活用して、若者から「10年後にこうあってほしい日本社会」はどんなものなのか、ヒアリングを行った。それをベースに、「子ども・若者」「すべての個人」「企業等」「政府」の4つの主体ごとにまとめたのが、以下の「遠くない将来（10年後）の生活者共創社会のイメージ」である。

●子ども・若者：安心・安全に暮らし、伸び伸びと個性・主体性を発揮できる

【教育・学び・就職】

・義務教育に囚われない各自の才能が評価され、活かせる社会（例えば、勉強が得意でなくても、演歌は上手）になっている。

・教育に関わるITツールの発展などにより、地域・学校による教育格差が少なく、生徒への年齢による画一的な指導から個性や発達に合わせた対応により、学びの楽しさを実感できている。科目によっては、「飛び級」により10歳で大学の授業を学ぶことが珍しくなくなっている。

・年齢、地域（日本国内、海外）を問わず、学びたいことを自身のスタイルに合わせて、いつでも学び習得できている。

・金銭面の不安を感じることなく、大学進学が可能になっている。さらに、大学卒業後も進路が就職一択ではなく、博士課程や留学、起業、世界放浪などが普通のことになっている。新卒での就職がメジャーではなくなっている。

●すべての個人：生涯を通じて、価値創造力を高め、自らのパーパス（人生の目的、

志）に基づき、主体的な参画によってものごとに挑戦できると同時に、それを社会全体で支える

【ライフスタイルのあり方】

- 個人の生き方について、自らの価値観に基づき、結婚するか否か、子どもを産むか否か、リカレント、リスキリング、サバティカルなどを自由に選択できている。いくつになっても居場所があり、多様性を歓迎する社会になっている。
- 性別にかかわらず、家事などの生活に必要な事柄はできて当たり前となり、女性の社会進出はもとより、男性の家庭進出が進んでいる。
- 子どものいる共働き夫婦では、育児・家事はともにでき、仕事の状況によりいずれかが対応している。加えて、公共・民間の多様なサービスも活用でき、仕事と育児・家事の両立がストレスなくできている。
- ひとり親世帯と夫婦高齢世帯が同じくらいの低所得しかなくても、社会福祉や周囲の人たちとの共助により、それぞれのやりたいことが実現でき、同じくらいの高い生活満足度を感じている。

【パーパスに基づく行動】

- 挑戦することが当然であり、自分のパーパスと勤務先の企業方針が異なれば、転職することが当たり前になっている。その際も、再挑戦の機会や支援が充実しているため、失業や学び直しに伴う就業のブランクを誰も恐れていない。
- 企業に貢献した労働価値に見合って賃金が毎年上昇し、経済的な豊かさを実感し、個人消費も活性化している。
- パーパスや環境対策などの情報が分かりやすく公開され、企業や人物を選択、消費、寄附などで応援している。環境に良い商品は価格が多少高くても選択されている。
- SNSなどでの発信（フェイクや誹謗中傷は対策がなされている）が民意を醸成し、社会的合意が形成されている。政治参画の面では、個別政策案に対する評価やランキングが日々更新されていて、有権者は各政策案の実現を公約している政治家や政党を確認しながら電子投票で選挙権を行使している。
- 人との関わりが大切にされ、物理的でなくとも顔が見えるリモートで繋がり、孤独にならず安心な共助の社会が実現している。（例えば、江戸時代の長屋では、何かあればご隠居へ相談といった形で、子どもの世話から困りごとまで、すべてがそのコミュニティの中で完結していたが、その現代版）

●企業など：パーパスを明確に掲げ、それを価値創造力・競争力に結びつけ、規模・業種・形態を問わず、活力に満ち溢れている

【社会の風潮】

・ボランティアや社会貢献活動は、企業や世の中から応援され、「かっこいい」と思われている。自己紹介では、支援するNPOやボランティアなどへの言及が当たり前となっている。

・企業のパーパスが就職の決め手となっている。

【社内制度】

・個人がライフスタイルに合わせ、例えば20代まではメンバーシップ型、30代は育児との両立から転居を伴わない働き方、40代ではこれまで培ってきた専門性を活かしたジョブ型といったキャリアを、自ら柔軟に選択している。

【企業などのあり方】

・経営者の最重要ミッションがイノベーションを通した社会課題の解決となっており、まさに「経営者の時代」を迎えている。

・経営者は短期的課題と中長期的課題のそれぞれを視野に入れた「両利きの経営」を進めるとともにパーパスに基づく社会的価値やハピネスを提供しつつ、それを分かりやすく語るストーリーテラーになっている。
・市場や投資家、若者を含むすべての個人が、それらを総合的に評価し、サービスや商品購入、株式投資、SNSなどによる発信で応援している。

●政府：〝中福祉・中負担〟も含めた持続可能な好循環で信頼を獲得し、一人ひとりが政策決定に参画する機会を主体的に活用している

【包摂的にデジタル化された社会基盤】

・すべての法律・制度・手続きなどの社会インフラはデジタル化され、同時に「デジタル・デバイド」という言葉が忘れ去られている。
・いわゆる〝昭和な〟岩盤規制が撤廃され、様々な手間やコストが削減されているばかりでなく、安心・安全を担保する責任が明確化された状態で生活者が社会インフラを自在に活用している。

【社会保障制度】

・年金・医療・介護の持続可能性が確保（歳入構造の転換）できる見通しとなり、将来への安心感から個人消費も活発化している。
・すべての手続き等がデジタル化され、社会保障も真に必要な人にプッシュ型で手当てできている。

【安心・安全】

・外交・安全保障について国民から高い信頼を得ている。
・外国人労働者の受け入れが進むが、教育や治安も含め、適切な管理ができている。

【政策決定への参画・評価】

・生活者が自分事として政策決定に対して議論や投票を通じ参画するため、政府は重要課題に関して、将来も見据えた選択肢をファクトと共に示している。
・経済指標だけでなく国民の幸福度も計測できており、毎年公表されることで、政府の通信簿の意味合いを成している。

日本の現状と未来を数値化する

では、これらを絵空事に終わらせないために、我々はどんなことを考え、実行するべきなのだろうか？

「計測できないものは、評価できない」。これは私の持論である。どんなに夢を語り、よしんば実行計画を作成したとしても、目標や達成度合いが客観的な数字にできなければ、「やった」ことにはならない。裏を返せば、定性的なものでも、多くはある仮定を置くことで、定量的に数値化できるものは多い。

この「生活者共創社会」の提言においても、この考えを貫き、「あるべき日本の姿」を評価するメトリクス（指標）を定め、諸外国との比較を基に定量化を図った。同種のものは、今まで提示されたことがないと思う。

具体的には、ＯＥＣＤ加盟38ヵ国と中国について、「経済成長」「社会包摂」「持続可能性」の３つの観点に関わるさまざまな指標を基に、18項目にわたる経済同友会独自の「偏差値」を算出し、比較することにした。偏差値は50が平均で、50以上は上位、50未満は下位としている。

指標の18項目、それぞれのデータの中身などは、図表８の通りである。

目標に行く前に、もう一度「現状」を振り返ってみよう。第一章で述べたような日本の課題は、数値化すると次の表のようになる。ここでは、アメリカ、ドイツ、スウェーデン、フランスとの比較を行った（図表9）。

これを見れば、日本の今の姿は一目瞭然だろう。偏差値上位にあるのは、世界第3位の「名目GDP（58・4）」、前章で述べた「世界平和度指数」で表される「安心・安全（56・8）」で、「1人当たりGDP（50・8）」、「イノベーション（50・9）」もかろうじて平均を超え、世界において一定の存在感を有しているのは確かだ。

一方で、「社会支出（54・4）」、「国民負担率（44・6）」、「政府総債務残高（16・5）」という数値は、受益と負担のバランスが著しく失われている現実を如実に示すものとなっている。「平均賃金（47・3）」、「労働市場の流動性（37・2）」、「ジェンダーギャップ指数（31・7）」、「合計特殊出生率（42・1）」といった指標も、軒並み下位にある。

このように、指標化することで、課題ごとの優劣やその度合いを客観的にあぶり出すことができる。他に特徴的な国として、アメリカとスウェーデンについても見ておきたい。

アメリカは、「名目GDP（98・3）」、「平均賃金（67・6）」などの数字に端的にみてとれるように、「経済」を重視する一方で、社会的な格差の指標である「ジニ係数（38・2）」や「子どもの貧困率（38・0）」、あるいは「1人当たり温室効果ガス排出量

要　件	指　標	指標の補足：偏差値が高くなる値	データ内容	参照元
持続可能性（8指標）	合計特殊出生率	数値が高い	15〜49歳までの女性の年齢別出生率を合計した値。「1人の女性が一生の間に産むとされる子供の数」	OECD
	社会支出（対GDP比）	支出・率が高い（偏差値の高低ではなく、両指標のバランスを注視）	現金給付、商品・サービスの直接の現物支給、および社会的目的による減税などの数値の対GDP比	OECD
	国民負担率		租税負担率と社会保障負担率の合計	財務省
	政府総債務残高	残高が少ない	一般政府（中央政府、地方政府、社会保障基金を合わせたもの）ベースの対GDP比	IMF
	政府に対する信頼	割合が高い	アンケートで自国の政府を信頼していると回答した割合（%）	OECD
	平均投票率	割合が高い	議会選挙の内、直近の3回を平均した投票率	IDEA※1
	1人当たり温室効果ガス排出量	量が少ない	温室効果ガスには、CO_2、メタン、一酸化二窒素、フロンガスなどの1人当たり排出量（t）	OECD
	安心・安全（世界平和度指数）	指数が低い	暴力犯罪、殺人事件、警察・軍人の数、政治的安定度など24項目に基づき各国の平和度を指数化	IEP※2

※1　IDEA：The International Institute for Democracy and Electoral Assistance（民主主義・選挙支援国際研究所）／スウェーデン

※2　IEP：The Institute for Economics and Peace（経済平和研究所）／オーストラリア

図表8　メトリクスの指標内容

要　件	指　標	指標の補足：偏差値が高くなる値	データ内容	参照元
経済成長（6指標）	名目GDP	数値が高い	米ドル換算値（2020年）	IMF
	実質GDP成長率	率が高い	2009年から2019年における実質GDP成長率を年平均で求めた値	IMF
	1人当たりGDP	数値が高い	米ドル換算値（2020年）	IMF
	TFP（イノベーション）	率が高い	TFP（全要素生産性）は潜在成長率における「資本」と「労働」を除いた残差で求められる数値	OECD
	平均賃金	数値が高い	米ドル換算値（2020年）	OECD
	賃金の伸び	率が高い	2010年から2020年における平均賃金の伸び率を年平均で求めた値	OECD
社会包摂（4指標）	労働市場の流動性（勤続10年以上割合）	割合が低い	当該企業に雇い入れられた民間の常用労働者のうち勤続10年以上の割合	OECD
	ジェンダーギャップ指数	指数が大きい	14指標を政治・経済・教育・健康の分野に分け男女格差をスコア化（0が完全不平等、1が完全平等）	WEF
	ジニ係数	数値が低い	税、社会保障による再分配を行った上で、社会全体の所得の偏りを示した値（1に近づくほど格差大）	OECD
	子どもの貧困率	割合が低い	17歳以下の全ての子どものうち、一人あたりの可処分所得が中央値の1/2に満たない世帯の子どもの割合	OECD

図表9　さまざまな指標の偏差値から見る日本の現状

要件	指標	日本	アメリカ	ドイツ	スウェーデン	フランス	指標の補足：偏差値が高くなる値
経済成長	名目GDP	58.4	98.3	55.3	47.0	52.3	数値が高い
	実質GDP成長率（CAGR：10年）	41.7	48.0	46.2	49.7	42.9	率が高い
	1人当たりGDP	50.8	60.3	53.3	55.8	50.8	数値が高い
	TFP（イノベーション）	50.9	56.6	46.2	60.4	50.3	率が高い
	平均賃金	47.3	67.6	57.3	52.9	52.0	数値が高い
	賃金の伸び（CAGR：10年）	44.8	50.0	50.2	49.8	45.5	率が高い
社会包摂	労働市場の流動性（勤続10年以上割合）	37.2	59.6	43.4	55.7	41.0	割合が低い
	ジェンダーギャップ指数	31.7	51.1	57.0	61.9	54.8	指数が大きい
	ジニ係数	47.9	38.2	55.1	56.6	54.7	数値が低い
	子どもの貧困率	49.0	38.0	53.5	56.2	52.6	割合が低い
持続可能性	合計特殊出生率	42.1	53.6	48.0	51.9	56.5	数値が高い
	社会支出	54.4	48.0	60.6	59.9	69.6	支出・率が高い　偏差値高低ではなく両指標のバランスを注視
	国民負担率	44.6	37.9	52.8	56.4	63.5	
	政府総債務残高	16.5	37.7	51.2	57.8	41.6	残高が少ない
	政府に対する信頼	45.6	48.0	58.9	59.9	44.8	割合が高い
	平均投票率	40.9	47.5	55.8	64.6	40.4	割合が高い
	1人当たり温室効果ガス排出量	50.1	26.8	49.8	60.2	56.3	量が少ない
	安心・安全	56.8	34.6	54.4	54.8	45.4	指数が低い

□□□□＝低　偏差値50未満　■■■■＝高　偏差値50以上

出所：図表8の参照元のデータを用いて独自試算を行い作成

（26・8）」などは、その対極をなしている。いわばトレードオフの関係にあると言え、こうした状況に起因する社会の分断は、きわめて深刻なものとなっている。

また、「社会支出（48・0）」、「国民負担率（37・9）」、「政府総債務残高（37・7）」がいずれも低位であり、〝低福祉・低負担〟の均衡が成り立っている。こうしたメトリクスからは、とにかく経済成長に舵を切ることで、トリクルダウンを期待したものの、必ずしもうまくいっていないアメリカの現状も浮かび上がる。

一方、スウェーデンは、経済規模の面ではやや見劣りするが、3要素のバランスを保ちながら、総じて高い水準を維持していることがわかる。この背景には、アメリカ型と正反対の〝高負担・高福祉〟の構造と、それを成り立たせている政府への強い信頼、国民の活発な政治参加がある。

ただし、それが日本の目指すべき道なのかというと、話は別だ。スウェーデンとは、人口も経済規模も国民性も、大きく違う。特に、「公助」メインの高負担国家というのは、日本では現実的ではないと言えるだろう。

ちなみに、3ヵ国の現状をレーダーチャートにすると、次のようにその違いがより明確化される。ここに、できるだけ大きく、歪みのない円に近い多角形を描けるのが理想

図表10　日本はどの姿を目指すのか

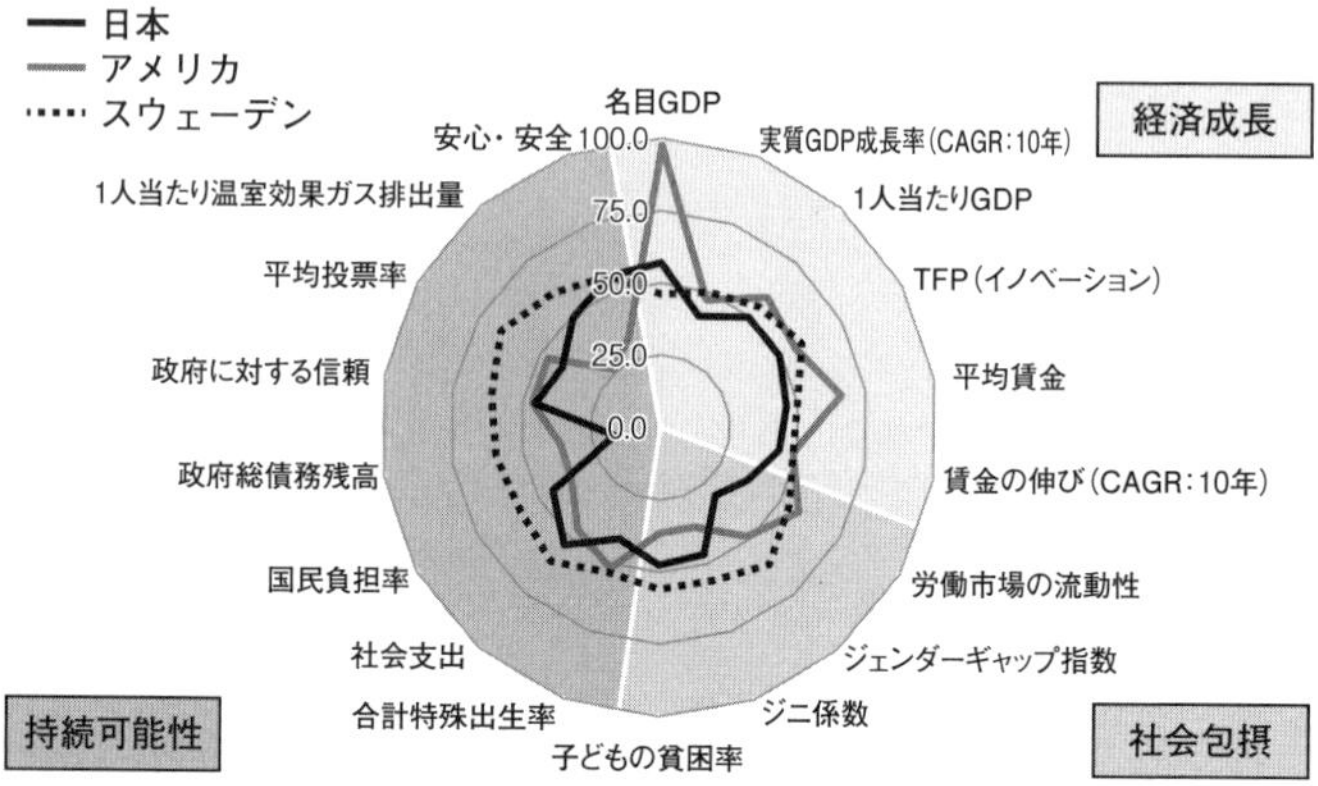

出所：図表8の参照元のデータを用いて独自試算を行い作成

だ（図表10）。

日本再興のKPIを提示する

それでは、将来に話を向けることにしよう。

日本が目指すべきものが、アメリカのように経済成長に特化して、社会包摂、持続可能性の課題とトレードオフするような姿でないのは明らかだ。一方、レーダーチャートの形ではスウェーデンの北欧型が理想にも思えるが、今も述べたように「公助」が中心となる社会構造は、現実的ではない。

図表11 レーダーチャートで示す「生活者（SEIKATSUSHA）共創社会」

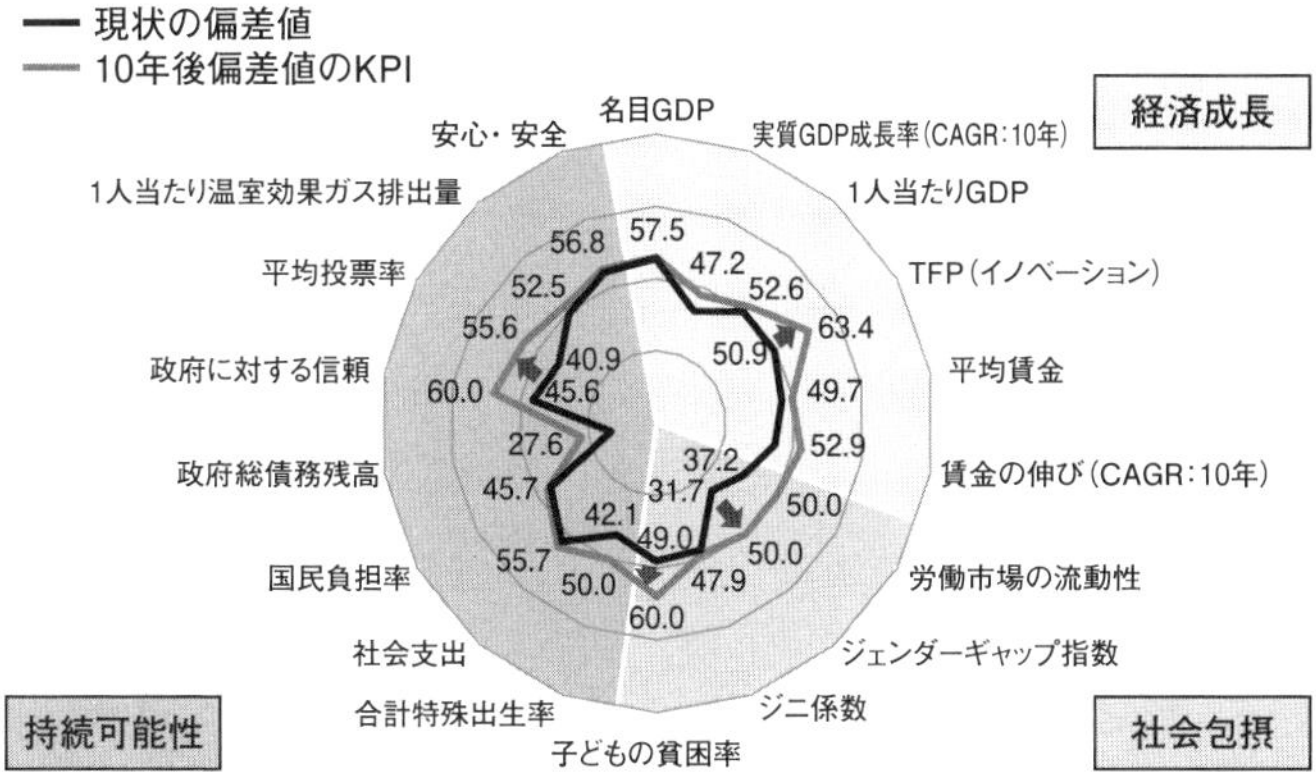

出所：図表8の参照元のデータを用いて独自試算を行い作成

3要素のバランスを保ちながら、いずれも高い水準にある日本らしい中庸、すなわち〝中福祉・中負担〟でありながら、顕在化する課題を生活者が共創し解決していく――。日本が志向すべきは、そのような、財政の力に頼らない「共助」で成り立つ社会である。ここでの「共助」の肝は、利他の精神という気持ちの繋がりとともに、民間セクター（特に経営者）が実際に社会課題解決に資するイノベーションを生み出していくことである。また、これがこれからの成長の源泉にも繋がってくる。

そうした基本的な考えに立脚したうえで、「経済成長」、「社会包摂」、「持続可能性」の3つの観点から、10年後の日本らしい社会の姿に関するKPIを、レーダーチャートに示した（図表11）。

内側のラインで示された現状のうち、他国に対して後れをとっている部分を外側に広げていくのが目標だが、経済同友会として特にポイントだと考えているのが、太い矢印を置いた部分である。

具体的には、イノベーションが不十分、子どもの貧困問題が深刻化している、政府への信頼を示す投票率が非常に低い、労働市場の流動性、ジェンダーギャップもきわめて劣っている――。何度も指摘してきた、日本のそうした弱点の偏差値を重点的にアップさせることが重要で、それを通じて、ダイバーシティ＆インクルージョンを推進し、目指す「生活者共創社会」に近づくことができると、我々は確信する。

持続的な経済成長でG7上位へ：「経済成長のKPI」

では、ここから、3分野ごとにKPI設定の目的や根拠、達成すればどうなるのかについて、説明していくことにする。

まず、「経済成長」について。

経済成長率が現行水準で推移した場合でも、10年後の「1人当たりGDP」の順位自体には、変化がないものと思われる。一方、「平均賃金」は、今の伸び率だとOECD内で平均レベルから下位グループに近くなることが予想される。現状のままであれば、20～30年後には、「1人当たりGDP」、「平均賃金」ともにOECD下位グループとなるだろう。

当然のことながら、経済成長が停滞すれば、200％を超える先進国最悪の「政府総債務残高の対GDP比」も、さらに悪化の一途を辿ることになる。そうした事態は看過することができず、成長の果実を行き渡らせるためにも、また世界における経済面での存在感を維持するためにも、持続的な経済成長は譲ることのできない課題である。

目指す経済成長率について、中国や新興国のような高い伸びを掲げることは現実的ではないことから、G7各国の成長率（過去10年平均）をベンチマークした（図表12）。

持続的な経済成長率2％（G7各国平均以上順位となる経済成長率）を達成すると、10年後の「1人当たりGDP」は、現状の20位から15位にアップし、G7では5位から3位、つまり上位国に浮上することができる。20年後には、OECDのTOP10に近い水

図表12　実質GDP成長率（実数値：09-19年の10年平均、国数：OECD38か国＋中国の39か国）

国 名	偏差値	実数値	順 位
中 国	81.2	7.7％	1位
アイルランド	71.4	6.1％	2位
トルコ	69.9	5.8％	3位
イスラエル	59.8	4.2％	4位
コスタリカ	57.2	3.8％	5位
コロンビア	57.0	3.7％	6位
ポーランド	56.6	3.7％	7位
エストニア	56.5	3.6％	8位
リトアニア	56.1	3.6％	9位
韓 国	54.6	3.3％	10位

国 名	偏差値	実数値	順 位
アメリカ	48.0	2.2％	22位
カナダ	47.8	2.2％	23位
ドイツ	46.2	2.0％	26位
イギリス	45.4	1.8％	29位
フランス	42.9	1.4％	33位
日 本	**41.7**	**1.2%**	**34位**
イタリア	35.7	0.2％	38位

【KPI】経済成長率：10年平均２%（G7平均以上）
※G7各国の実質GDP成長率：10年平均1.6％（日本を除く6か国1.7%）
平均以上順位となる成長率は２%

出所：図表8の参照元のデータを用いて独自試算を行い作成

準に達することが可能だ（図表13）。

また、「平均賃金」も、経済成長に合わせ、毎年実質２％の上昇が実現できれば、10年後にはＯＥＣＤ平均レベルの20位となり、20年後にはＧ７では中位（４位）までランクアップすることができるだろう（図表14）。

ただし、２％の持続的な経済成長というのは、過去40年の日本の実質ＧＤＰ推移（１９８１～２０２１年）からみても、バブル期以外ではほとんど達成できておらず、ハードルの高いチャレンジであることは、我々も十分認識している。

日本銀行の推計によれば、日本の潜在成長率は、０％台前半での推移が続き、労働や資本投入といった量的な生産要素の減少トレンドを一気に大きく反転させることは困難だという現実がある。経済成長のためには、ＴＦＰ（全要素生産性）のドラスティックな上昇を引き起こすイノベーションが必要不可欠であることを、繰り返しておきたい。

そのためには、やはり世界に後れをとっているダイバーシティ＆インクルージョン（Ｄ＆Ｉ）の推進が重要になる（Ｄ＆Ｉについては、次に述べる）。イノベーションは、多様性によって引き起こされるグッド・クラッシュ（良いぶつかり合い）から生まれるからである。

図表13　日本の経済成長率2％を前提とした将来予測（1人当たりGDP）

1人当たりGDP
（OECD38か国＋中国の39か国）

国名	偏差値	実数値（ドル）	順位
ルクセンブルク	82.6	117,063	1位
スイス	70.3	87,351	2位
アイルランド	69.5	85,230	3位
ノルウェー	62.0	67,265	4位
アメリカ	60.3	63,078	5位
デンマーク	59.5	61,154	6位
アイスランド	58.8	59,387	7位
オーストラリア	56.1	52,848	8位
オランダ	55.9	52,456	9位
スウェーデン	55.8	52,170	10位
ドイツ	53.3	46,216	13位
カナダ	52.1	43,307	16位
イギリス	51.2	41,127	18位
フランス	50.8	40,162	19位
日本	**50.8**	**40,049**	**20位**
イタリア	47.4	31,707	21位
韓国	47.3	31,638	22位

10年後

国名	順位
ルクセンブルク	1位
アイルランド	2位
スイス	3位
アイスランド	4位
デンマーク	5位
アメリカ	6位
ノルウェー	7位
オーストラリア	8位
スウェーデン	9位
オランダ	10位
ドイツ	14位
日本	**15位**
カナダ	18位
イギリス	19位
フランス	20位
韓国	21位
イタリア	22位

20年後

国名	順位
ルクセンブルク	1位
アイルランド	2位
スイス	3位
アイスランド	4位
デンマーク	5位
アメリカ	6位
ノルウェー	7位
オーストラリア	8位
スウェーデン	9位
オランダ	10位
日本	**12位**
ドイツ	15位
韓国	18位
イギリス	19位
カナダ	20位
フランス	21位
イタリア	28位

30年後

国名	順位
ルクセンブルク	1位
アイルランド	2位
スイス	3位
アイスランド	4位
デンマーク	5位
アメリカ	6位
日本	**7位**
オーストラリア	8位
スウェーデン	9位
イスラエル	10位
韓国	17位
ドイツ	18位
フランス	22位
イギリス	23位
カナダ	24位
イタリア	32位

【KPI】1人当たりGDP：G7国中　3位
（20年後：OECD加盟国＋中国39か国中 TOP10水準）

※（将来推計の試算条件）経済成長率：日本は実質2％成長、その他各国はIMF推計による2027年の実質GDP成長率
物価上昇率：0％と仮定　人口推計：国連の中位推計を適用
出所：図表8の参照元のデータを用いて独自試算を行い作成

図表14 日本の賃金上昇2％を前提とした将来予測（平均賃金）

平均賃金
（OECD35か国＋中国の36か国）

国名	偏差値	実数値（ドル）	順位
アメリカ	67.6	69,392	1位
アイスランド	66.3	67,488	2位
ルクセンブルク	65.3	65,854	3位
スイス	64.6	64,824	4位
オランダ	60.6	58,828	5位
デンマーク	60.4	58,430	6位
ノルウェー	58.6	55,780	7位
カナダ	58.4	55,342	8位
オーストラリア	58.3	55,206	9位
ベルギー	57.7	54,327	10位
ドイツ	57.3	53,745	11位
イギリス	53.0	47,147	14位
フランス	52.0	45,581	17位
韓国	49.6	41,960	19位
日本	47.3	38,515	22位
イタリア	46.8	37,769	24位

10年後

国名	順位
アイスランド	1位
アメリカ	2位
ルクセンブルク	3位
スイス	4位
デンマーク	5位
ノルウェー	6位
ドイツ	7位
カナダ	8位
オランダ	9位
オーストラリア	10位
韓国	17位
イギリス	18位
日本	20位
フランス	21位
イタリア	29位

（日本：46,949ドル）

20年後

国名	順位
アイスランド	1位
アメリカ	2位
リトアニア	3位
ラトビア	4位
ドイツ	5位
ルクセンブルク	6位
スイス	7位
ノルウェー	8位
カナダ	9位
デンマーク	10位
日本	15位
韓国	17位
フランス	21位
イギリス	26位
イタリア	30位

（日本：57,231ドル）

30年後

国名	順位
アイスランド	1位
リトアニア	2位
ラトビア	3位
アメリカ	4位
エストニア	5位
ドイツ	6位
カナダ	7位
ノルウェー	8位
ポーランド	9位
ルクセンブルク	10位
日本	12位
韓国	16位
フランス	24位
イギリス	27位
イタリア	32位

（日本：69,764ドル）

【KPI】平均賃金：中位（20位）以上
（20年後：G7国中位（4位）以上）

※（将来推計の試算条件）賃金の伸び率：日本は２％の伸び率、その他各国は過去10年平均の伸び率を適用

出所：図表8の参照元のデータを用いて独自試算を行い作成

全員参加の社会へ：「社会包摂」のKPI

人口減少が進む中、多様な人材が、性別や年齢、経歴にかかわらず、本人の意欲・能力によって潜在性をフルに発揮できる環境を整え、全員参加で価値創造ができる社会にしていくことの意義は、ますます大きなものとなっている。その実現のためには、大きく2つの対策が必要だと考える。

第1に、今述べた「ダイバーシティ&インクルージョン（D&I）」に関するものである。ちなみに、それぞれ日本語に直訳すると、ダイバーシティは「多様性」、インクルージョンは「包摂」である。後者は例えば、自分とは意見が異なる相手に対しても、違うことを認めたうえでリスペクトしましょう、という考え方だ。実はこの〝I〟がきちんと理解されていないと、形のうえで〝D〟を整えても、うまく機能しない。中には、I＝愛社精神のような捉え方がされる場合もあるが、大きな誤解である。

KPIに話を戻して、最も身近なダイバーシティであるジェンダー比率をみてみたい。日本の就業者の比率は男性：女性＝55：45とほぼ拮抗している。にもかかわらず、管理

図表15　労働者の男女比率・女性管理職比率

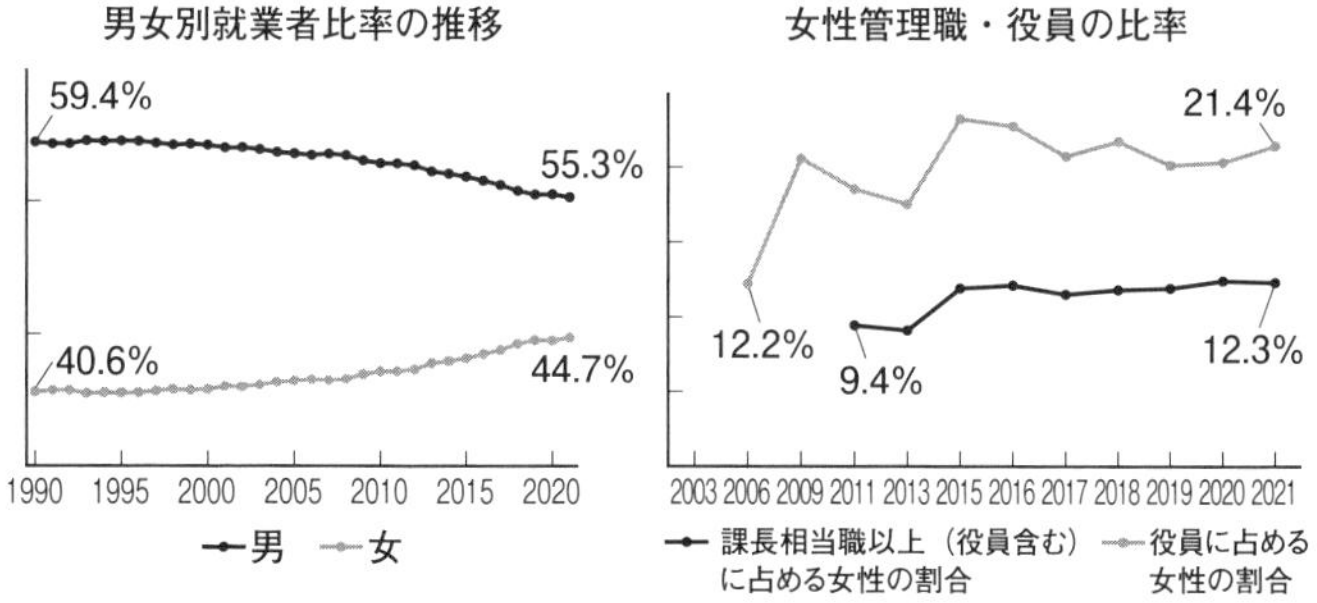

【KPI】ジェンダーギャップ指数＝偏差値50水準（現在31.7）

「男女別就業者比率の推移」…出所：総務省「労働力調査」
「女性管理職・役員の比率」…※2015年以前は2～3年ごとの調査。課長職以上比率について、2010年以前のデータなし。出所：厚生労働省「雇用均等基本調査」

職における女性比率は、課長職以上で12%、役員で21%とまだまだ低く、性別に関するアンコンシャス・バイアス（無意識の偏ったものの見方）は払拭されていない。

業種や個別企業ごとに職務内容や事業環境が異なることから、画一的な数値目標を設定することが最善とは言えない。各経営者は、それぞれが自社の実情を踏まえた明確な目標を設定し、社内外へ開示したうえで、積極的に女性登用を推進していく必要があるだろう。ジェンダーにとどまらず、年齢や人種なども含めた高い多様性が求められることは言うまでもない（図表15）。

図表16　日本のジニ係数の推移

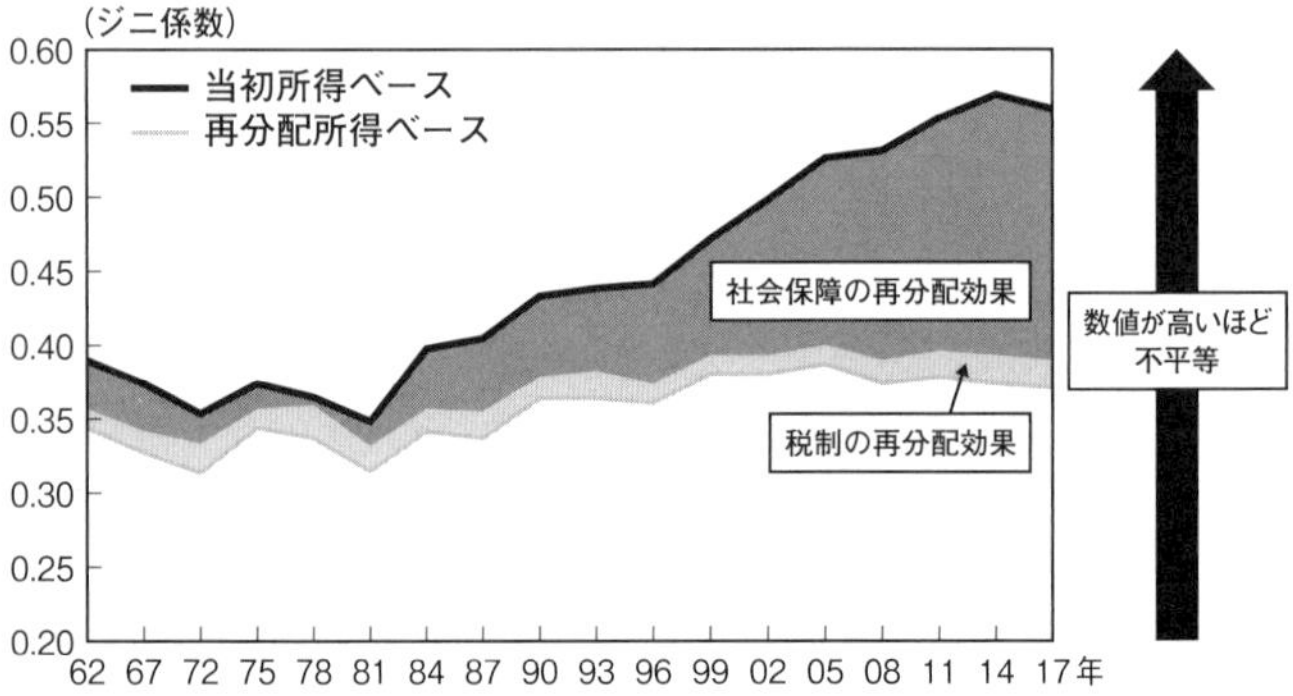

出所：厚生労働省所得再分配調査

第2に、「格差問題」への取り組みを強化しなくてはならない。中でも、将来を担う子ども・若者たちが、安心・安全な環境で成長し、それぞれの個性・主体性を育む環境が整えられていることが重要だ。

所得格差を示す指標に、「ジニ係数」がある。イタリアの統計学者コラド・ジニにより考案された所得などの分布の均等度合を示す指標で、係数の値は0から1の間をとり、0に近づくほど所得格差が小さく、1に近づくほど拡大していることを示す。図表16にあるように、日本では、当初所得ベースで見ると、このジニ係数は大きく拡大してきたが、社会保障による所得再分配後の推移を見ると、過去40年間、大きな変化はしていない。これだけ見れば、格差の小さ

図表17　改善の余地がある社会保障・セーフティネット

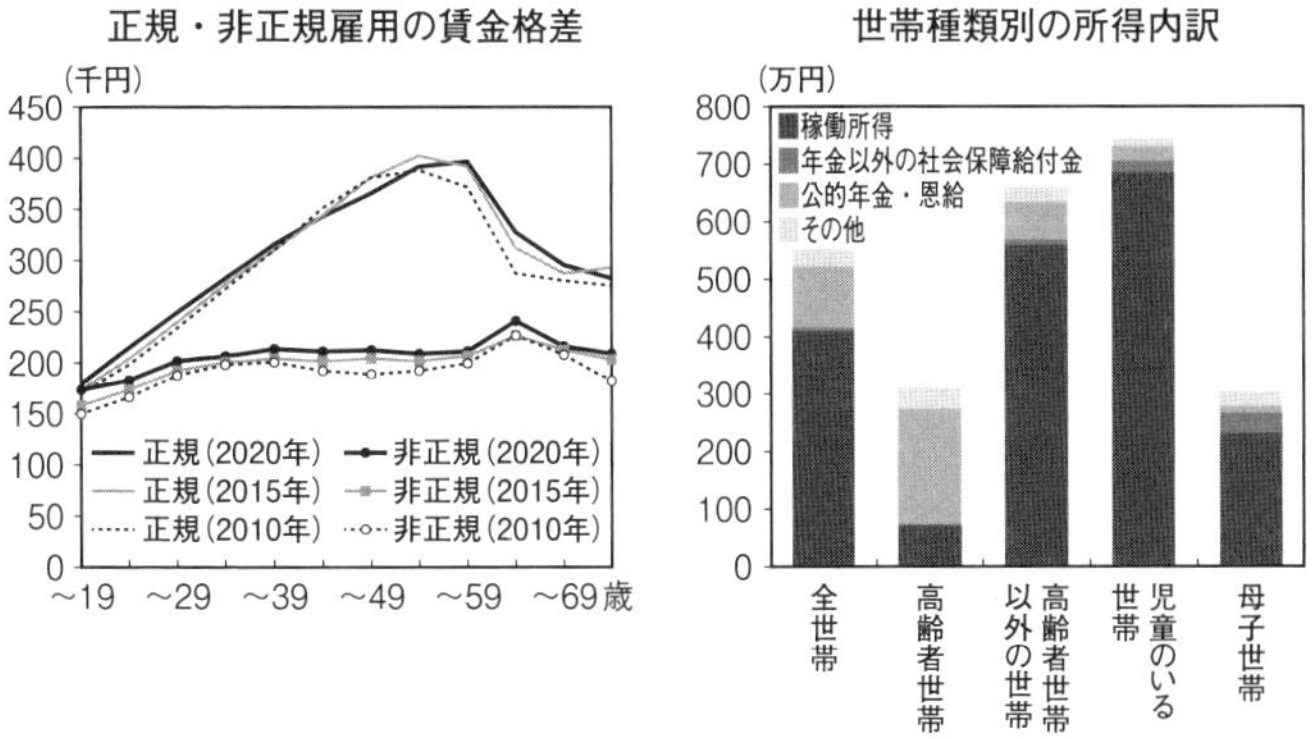

【KPI】子どもの貧困率：6.7%＝偏差値60水準（2018年13.5%）

出所：厚生労働省 賃金構造基本統計調査

い機会均等の社会のようにも映る。

しかし、真の経済的弱者へのセーフティネットに課題があることは、明らかである。例えば、雇用形態による格差や分配の偏りでは、正規・非正規雇用者の賃金格差が、20歳代から50歳代で拡大している。また、世帯種類別に所得を見た際、高齢者世帯と母子世帯はともに平均年収300万円程度であるが、その内訳は大きく異なる。高齢者世帯にとって収入の多くは公的年金や恩給であるが、母子家庭は働いて得た稼働所得であり、社会保障給付の割合は少ない。この二つの家計は、年収だけ見れば同じ300万円だが、生活の実態は全く違う。相対的に所得の少ない母子世帯に、十分な社会保障やセーフティネットが行き渡っていないという現実がある。

子どもの貧困率は、2018年で13・5%であり、OECD加盟各国と比べた偏差値は49である。「生活者共創社会」では、これを北欧並みの偏差値60(=子どもの貧困率6・7%)まで向上させることを目標に、教育・子育て世代への資源配分を促していく。また、「貧困の連鎖」を断ち切るための分配にとどまらず、働き方や雇用形態による賃金格差の是正、企業部門全体としての人への投資の強化、子どもの個性や主体性を育む教育システムの刷新など、関連するあらゆる制度の総点検と、一体的な改革が不可欠だと考える(図表17)。

人口、社会保障、政府への信頼という課題:「持続可能性」のKPI

「持続可能性」という観点からは、3点にわたって検討を加えた。

第1に、人口問題である。当然、一朝一夕に改善できるものではないが、だからとい

図表18　合計特殊出生率

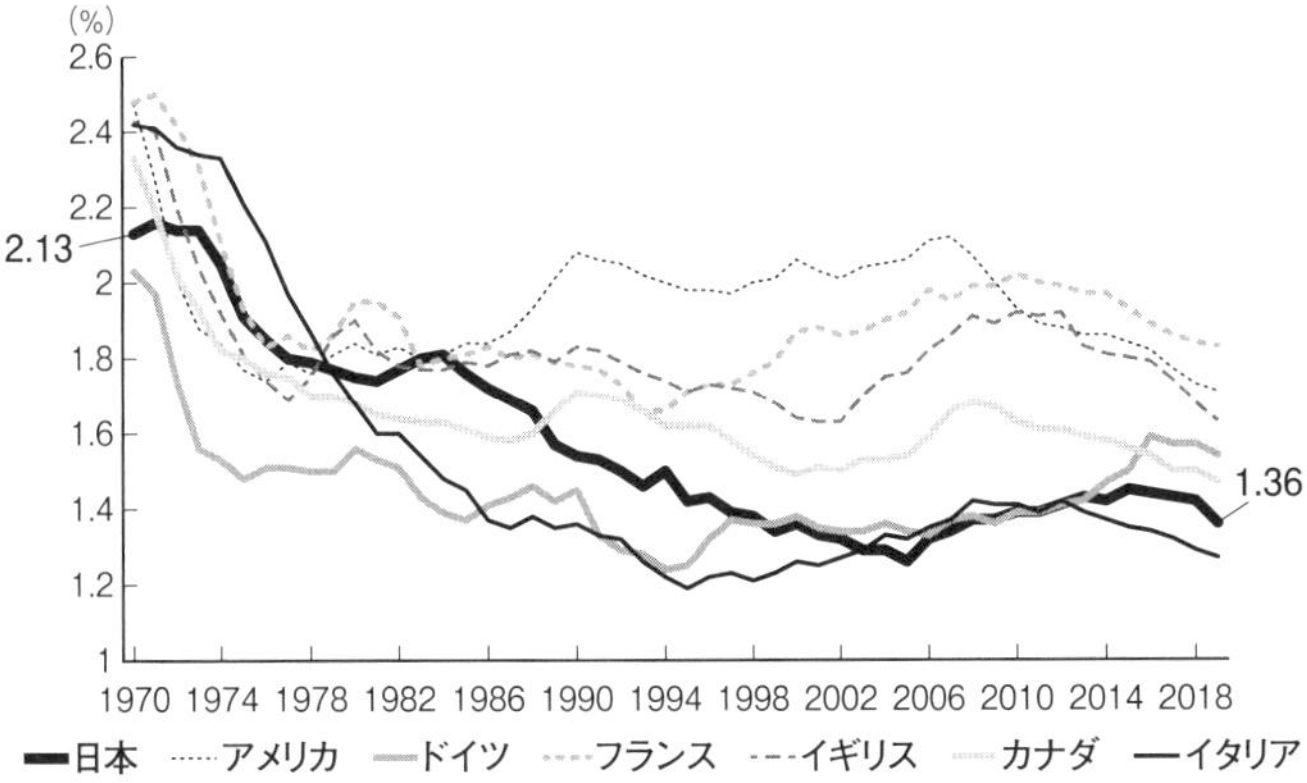

【KPI】合計特殊出生率：1.61%＝偏差値50水準（2019年1.36%）

出所：「OECD Data」を基に作成

って後回しにしていれば、状況は悪化するばかりだ。

第一章で述べたように、合計特殊出生率は、「２」を超えていた１９７０年代以降、下降の一途をたどり、２０２１年には、ついに１・30となった。ＯＥＣＤ加盟諸国、さらにＧ７の中でも、低位の状況が続いている（図表18）。

このまま推移すれば、総人口は２０２９年に１億２０００万人を下回り、２０５３年には１億人を割り込む見通しだ。一方で、世界で最も高い高齢化率（28・9%）が今後も上昇し、高齢者を支える生産年齢人口も、これまで以上のスピードで減少する。

企業としてできることは、子どもを産み、育てやすい職場風土の醸成や制度設計、その運用である。特に、テレワークやフレックスタイムといった場所・時間を限定しない働き方や男性の育休制度などをお題目としてではなく、適切に運用させる個々のKPIの設定と実行、加えてそれを支える組織内での価値観の共有が必要となる。

政府の政策に加え、これらの取り組みを企業が実践していくことなどにより、OECD加盟国平均並みの改善目標、具体的には合計特殊出生率「1・61」を設定したい。

第2に、社会保障制度と財政の持続可能性である。

日本の社会保障制度は、租税負担が小さいため、現役世代の負担と赤字国債に頼る構図である。結果、社会支出と国民負担率がアンバランスな状態（中福祉、低負担）となり、膨張する政府債務残高の主要因となっている。現役世代の社会保険料はこの30年間で1・8倍まで増加し、可処分所得を圧迫し続けている。今のまま今後とも増加する高齢世代の年金・医療・介護を支えることには限界があり、取りやすいところから取るだけでは追い付かない。加えて、将来不安と相まって、給与所得が増加しても個人消費が増えにくくなっている。持続可能な財政を志向した場合、経済成長と賃金上昇との好循環は必須であるが、現役世代に偏った負担構造の見直しは避けられない。消費者が広く

図表19 社会保障費の推移と財政の関係

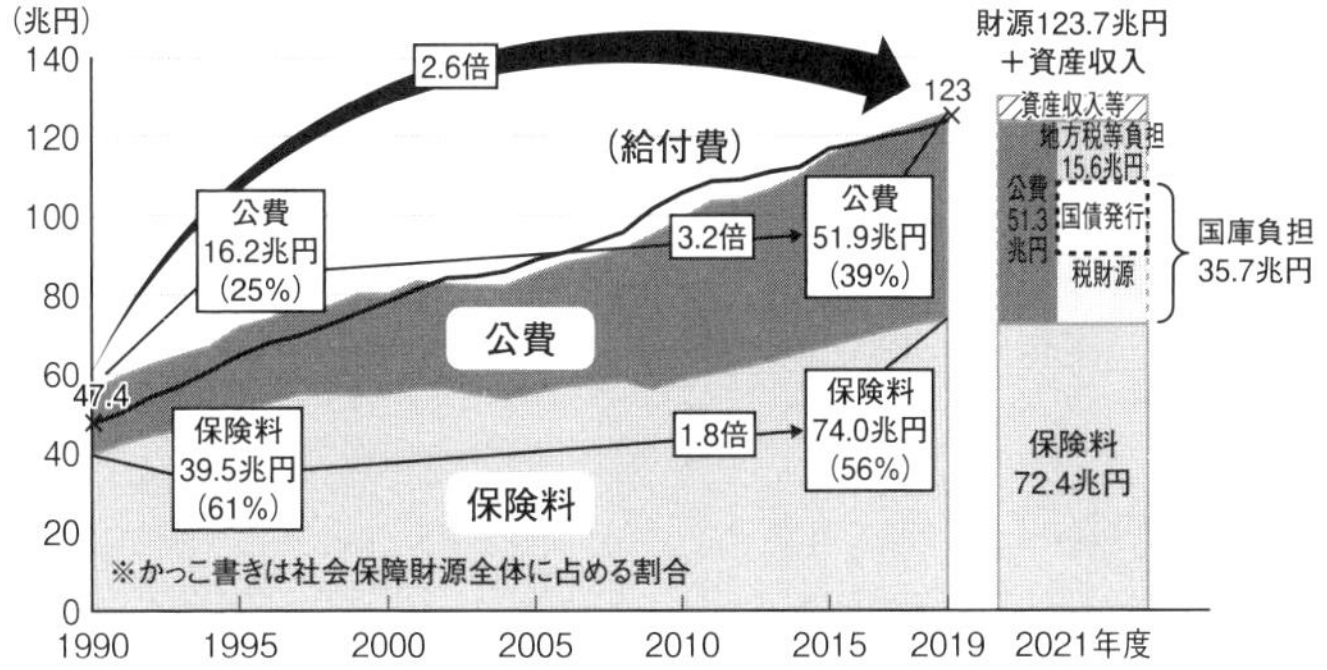

出所：財政制度等審議会 財政制度分科会2022年4月13日開催資料を基に作成

薄く負担する消費税を中心とした歳入構造への転換が求められる。

ただ、この問題の本質的課題である少子高齢化と人口減少は、対策を講じて成果が表れるまで超長期を要する。ＫＰＩとしては、少なくても10年後において、現在の国民負担率を大きく増やさない範囲で、社会保障財源問題に対応することとした。具体的には、医療費の応能負担と受診時のワンコイン化の制度化、そして10年間で消費税率３％の引上げを提起したい（図表19）。

第３に、政府への信頼、投票率の課題である。「生活者」の力を活かして、成長する国を目指す以上、ＯＥＣＤトップクラスの政治参画と政府への信頼回復を実現し、多様な声を政策決定

図表20　政府に対する信頼・投票率

〈現状〉（OECD加盟38か国中）

政府に対する信頼

国 名	偏差値	実数値	順 位
スウェーデン	59.9	67.1％	7位
ドイツ	58.9	65.4％	8位
アメリカ	48.0	46.5％	17位
日 本	**45.6**	**42.3％**	**24位**
フランス	44.8	41.0％	25位

投 票 率

国 名	偏差値	実数値	順 位
スウェーデン	64.6	85.9％	5位
ドイツ	55.8	74.7％	13位
アメリカ	47.5	64.3％	22位
日 本	**40.9**	**55.9％**	**30位**
フランス	40.4	55.3％	31位

【KPI】 政府に対する信頼：68.1％＝偏差値60（7位）
投票率：75.0％＝偏差値55.6（13位）

出所：図表8の参照元のデータを用いて独自試算を行い作成

に反映させていく必要がある。生活者が政策の是非を判断する際の参考となるように、政治家や政府は短期的・中長期的双方の受益と負担を明らかにし、現在と将来を見据えた選択肢を示す義務がある。

ポピュリズム的な政策で短期的に生活者の支持を得たとしても、例えば中長期的に想定外の負担を課す政治では、生活者の信頼を得ることはできない。他方、生活者は、政策による便益を受ける対価として、納税や法令順守の負担義務が課せられる覚悟を持って、政策に対する自らの意思を示さなければならない。

また、有権者の政治参画を向上させるため、デジタル技術を駆使したインターネット投票の導入といった利便性も高めていく必要がある。加えて、個々の政策や立法に対して直接的に民意を示すことのできる、例えば「民主主義をデジタル技術で補完する仕組み」も求められる。

これらの対策により、世代にかかわらず政策についての議論や投票行動の機運を高め、過去の衆院選投票率73・3％（90年の「消費税解散」）を超える75％を達成するなど、各世代が政治参画する社会を実現していく（図表20）。

「幸福度」を測る取り組み

ここまで、「さまざまな指標でみる日本が目指す姿」について、主としてKPI設定の根拠について説明してきた。ただ、我々はここで挙げた評価指標だけで、現状や未来が100％正確に計測できるとは思っていない。この18項目は、OECD各国との比較が可能かどうかなども含めて検討し、リストアップしたものだ。また、説明したようにあくまでも偏差値による相対評価であるため、他国の状況の変化が数値を左右することなどもあり得る。そういう意味では、「これを達成したら一安心」という絶対的な意味を持つものではない。

重要なのは、「生活者共創社会」の実現に向けて走るためには、きちんとした数値目標が必要ということだ。これは、座して待つ状況にない今、すべての生活者がそれに向かって行動を起こすためのダッシュボードだと理解してもらいたい。変更を加える点があれば、とにかく走りながら考えればいいと考えている。

ところで、「生活者共創社会」においては、「個人の幸福と経済の量的拡大」が実現されると述べた。その点では、「幸福度」のＫＰＩも盛り込みたいところだが、その検討は道半ばだと申し上げておきたい。

そもそもＧＤＰは、１９３０年代の大恐慌から第二次世界大戦に至る時期に、恐慌の間に失われた経済規模や戦争を遂行する上で必要な軍事費調達をどの程度できるかを把握する目的で、アメリカで考案されたものだ。国内市場や貿易において取引された商品・サービスのみを計上するため、市場を経由しない、自然環境の喪失や社会課題解決への貢献などは含まれない。当然、幸福度といった生活の質や持続可能性などを測る指標としては適切とは言えない。

幸福度を示す指標についての取り組みに関して一例を挙げると、2008年にニコラ・サルコジ元フランス大統領が、ノーベル経済学賞受賞者のコロンビア大学のジョゼフ・スティグリッツ教授を委員長とする「経済成果と社会進捗の計測に関する委員会」を設置した。同委員会は、各国政府は国民の幸福度を把握するために必要な指標を開発すべきである旨の提言を行っている。

これを踏まえ、OECDが2011年に「Better Life Index（BLI＝より良い暮らし指標）」を公表するなど、国内外、各自治体などにおいてさまざまな研究が並行して進展し、政策に生かすチャレンジもなされている。ちなみに、BLIは、GDP以上に、人々が暮らしを計測、比較することを可能にするインタラクティブな指標とされ、暮らしの11の分野（住宅、所得、雇用、社会的つながり、教育、環境、市民参画、健康、主観的幸福、安全、ワークライフバランス）について、OECD加盟国などの比較ができるようになっている。

また、近年、日本の「生きがい」という言葉が、世界経済フォーラム（WEF）などで紹介され、世界から注目を集めている。適切な英訳がなく「ikigai」として通用しているが、この日本では一般的な概念が、幸福感を向上するメカニズムや定量化などの研究に寄与することが期待される。

日本は、国際社会におけるこうした「幸福」に関する研究に積極的に関わっていくべきであり、経済同友会としても幅広い組織や個人と協業していきたい。合わせて、今回提示したＫＰＩについては、未来選択会議などでも議論しつつ、継続的にフォローしていくつもりである。

第四章

生活者共創社会をいかに実現させるか

「生活者共創社会」の実現に向けて

「生活者共創社会」とはどういうものか、その実現に向けた数値目標も含めて提示した。あとは、「どのようにしてそれを達成するのか」ということになる。

我々は、「生活者共創社会」で実現されるもの、言い方を変えると、これまでの日本社会とそれを分けるものは、新しい「成長」と「分配」の実行、「企業価値」の絶えざる向上とその正当な評価のメカニズムではないかと考えている。

本章では、それぞれを新しく定義し、実行していくという視点から「なすべきこと」を述べていきたい。

総論的に言えば、「新しい成長」は、経済成長それ自体を目的とするものではなく、持続可能性、社会課題解決と成長を両立させ、多様なステークホルダーの幸福と豊かさを増大する手段と位置づける必要がある。その手段も、従来の成功体験の延長線上ではなく、イノベーションを中心に据えるべきだと考える。何度も繰り返してきたように、過去30年間、日本が経済成長において他の先進国に劣後した原因が、イノベーションの不足によることは明らかだからである。

そのために、例えば立ち遅れているスタートアップ・エコシステムを育てていく、といった戦略が重要になるのは言うまでもないが、それだけでは十分とは言えないだろう。国民の共感と参画なくして、イノベーションによる新しい成長を実現することは困難だ。新しい製品・サービスは、人々に選ばれ、利用され、社会実装されて初めて成長を生み出す。そのため、イノベーションとそれがもたらす変化を人々が歓迎する社会への転換を図るため、国民的な運動を起こす必要がある。

また、「生活者」の誰もがイノベーションの担い手になり得ること、それが豊かさを生み出す鍵であることを、強く訴えていかなくてはならない。イノベーションには、製品、ビジネスプロセス、マーケット、組織などさまざまな形態があり、日本でも、「宅急便」やeコマースのような新しいサービスが、人々の生活に変化をもたらし、新しい市場と雇用を生み出してきた実績がある。同様に、日本のGDPの7割を占め、多くのエッセンシャル・ワーカーが従事するサービス産業の生産性向上、少子化・人口減少が急速に進む地域経済の再生、データ活用・デジタル化による行政・公的サービスの効率化など、日本の構造的な課題の中に、多くのイノベーションの芽があるはずだ。

企業、政府、行政、地方自治体、大学など、あらゆる生活者がそれぞれの課題解決に取り組む中から裾野の広いイノベーションが生まれ、生活者の挑戦の総和が社会の成長につながる循環を持った日本を目指したい。

また、「分配」については、イノベーションによる新しい成長を前提に、役割と担い手を見直していく必要があるだろう。特に企業は、株主・投資家のみならず、社員や地域社会、地球環境や将来世代など、すべてのステークホルダーへの分配に責任を負う立場である。中でも、価値創造の源泉となる人材への投資を最重要課題と位置づけ、社員が生み出す価値に見合った報酬と、継続的に能力・スキル向上を図る機会をそれぞれの企業において提供する。同時に、他企業、他のセクターとも連携し、人材投資につながる社会インフラの整備に取り組まなくてはならない。

企業による新しい分配を実現していくためには、市場機能を働かせ、企業の新陳代謝と人材の流動性を高めることが不可欠である。分配を担う力が弱い企業、産業構造の変化に対応できず生産性の低い企業には、思い切って市場からの早期退出と再生を促し、その一方で、そこで働く人たちを、より適正な処遇を受けられる環境や、新たな雇用機会に向かわせることによって守るのが、これからの目指すべき姿だと考える。同時に、政府レベルでは、経済社会の前提の変化に応じて分配の目的を見直し、税・社会保障の仕組みを刷新・再設計する必要がある。

新しい成長を促すうえで重要なことは、挑戦や努力の結果、成功者が生まれることを社会全体の利益と見なし、歓迎し、適正に報いることだ。同時に、失敗やリスクテイクに伴う痛みの緩和、再挑戦を後押しする仕組みも必要になる。加えて、社会的弱者の生活や機会を保障するセーフティネットを行き渡らせ、格差の固定化や貧困の連鎖を防ぎ、社会に安心を根付かせることが、分配の重要な役割であることは、論を俟たない。

また、「生活者共創社会」における「新しい分配」も、多様な「生活者」によって支えられたものであるべきだと考える。政府による分配とは別に、公共の利益や社会課題解決のため、企業や個人が寄付などを通じて直接分配を担えるよう、インセンティブを含む仕組みを整備する必要があるだろう。現在の民主主義システムの下では十全に反映しきれない「生活者」の意思や共感を、社会的支援や挑戦者の応援に結びつけることが、社会の担い手としての「生活者」を活性化することにつながると信じる。

成長と分配の双方において、企業が十分にその役割を果たしていくためには、「企業の価値」に対する評価についても、新しいメカニズムが必要となるだろう。例えば、企業が10年先、20年先に大きな果実を生むため、社員や地域コミュニティ、地球環境、研究開発への投資や分配を行ったり、新規事業の開拓に向けた組織改革に踏み切ったりすることは、一時的な収益・配当の抑制につながる場合がある。市場がそこだけに着目し、短期的評価を行えば、株価の下落、経営に対する逆風がもたらされることになり、それは社会にとっても好ましいことではない。

企業は短期・長期という複数の時間軸を持って、持続的に社会に価値を生み出していく存在であり、企業が持つ顕在的・潜在的価値のすべてを、株価・時価総額という一つのものさしだけで表現することもまた、不可能である。特に、イノベーションという非連続的な試みによって、将来的に生みだされる収益や社会的インパクトなど、実現前の価値をどう測り、現在の評価に反映するかは、企業の決定やアクションに大きな影響を及ぼす。企業・経営者としてステークホルダーとの対話・説明に、より積極的に取り組むとともに、経営者ならではの視点から、新しい企業価値の体系についても発信をしていく必要があると考える。

では、「生活者共創社会」の柱となる、新しい「成長」、「分配」、「企業価値」について、具体的に論じることにする。

日本らしいイノベーションが推進する「成長」

ここまで述べてきたように、「生活者共創社会」を実現するためには、「成長」と「分配」の好循環が不可欠であり、まずは日本らしいイノベーションによって、持続的な経済成長を実現しなければならない。

ここでは、その達成に向けた鍵となる教育のあり方、価値創造基盤を構築・強化するための人材とデジタルへの長期投資、日本らしい利他の精神に基づく付加価値創造について整理する。また、挑戦の総量を増やすための「1生活者 1イノベーション宣言（仮称）」、中小企業の競争力強化のための「中小企業競争力強化会議（仮称）」の新設、社会実装エコシステムの構築などを提案したいと思う。

（1）個を尊重し将来を生き抜く力を育てる教育を

日本経済の「失った30年」は、政治・行政・企業による不作為の結果だった。その根源をたどると、日本の教育制度の問題に突き当たる。

戦後、奇跡といわれる復興を遂げ、長く世界第2位の経済大国として存在感を示した日本は、その高水準で平等な教育によって支えられた。今なお、高いレベルを維持しているのは確かだろう。

しかし、先進諸国の経済が成熟し、グローバル化やデジタル化が加速する時代に、社会課題を解決し、持続的な経済成長を実現していくための人材が育成できてきたかといえば、「ノー」である。それが可能になる教育へと、早期に転換を図らなければならない。

特に重要なのは、子どもの多様な学びを支える体制づくりであり、子ども一人ひとりの興味・関心・習得スタイルや、個を尊重した教育を行うことである。その結果、アンコンシャス・バイアスに囚われることなく、真のダイバーシティと高い創造性を有した人材、自ら未来を切り拓く力を持った人材を育てなくてはならない。

理解力が高く、成績優秀な子どもには「飛び級」を認めるなど、いい意味での「エリート教育」を排除すべきではない。同時に、望む人間には、金銭面の心配がなく高等教育が受けられる体制を築くべきである。それは、個人の学ぶ権利を保障するにとどまらず、社会発展に貢献する人材を多く育成するという意味でも、重要な意味を持っている。

(2) 人材とデジタルへの長期的投資で価値創造基盤を構築・強化

持続的に付加価値を創造し、経済成長を遂げていくには、その基盤の構築と強化が必須であることは言うまでもない。価値創造基盤の中核である人材の確保と育成、デジタル化の推進は、国力の源泉であり、集中的かつ長期継続的な投資が必要である。

生産の3要素（土地・資本・労働力）のうちの労働力に着目すると、日本の生産年齢人口1人当たりのGDPは、G7各国の中でアメリカ、ドイツに次ぐ3位の水準を保っている。しかし、抜本的な少子化対策を講じても、長期にわたる生産年齢人口の減少が避けられないことには、留意が必要である。10年後、20年後の国力を左右する「人への投資」、「人材の流動化」、「外国人材の活用」を大胆に推進したい。

あえて言えば、企業、特に大企業の経営者は、第一章で述べた「労働分配率の低さ」から目を逸らすべきではない。社員の生活を支え、勤労意欲、イノベーションに向けた気概を高めるためにも、適切な賃金の引き上げを図っていくことが必要だ。

自分が経営する企業グループのことで恐縮だが、私の経験を紹介してみたい。

SOMPOホールディングスは、日本最大級の介護事業部門を持っている。全国で介護士や看護師を中心とした2万5000人ほどの職員に働いてもらっている。かつては、せっかく研修を積んだ人たちの離職が、無視できない数に上っていた。しかも、少なくない人たちが、同業他社にではなく、介護以外の分野に「流出」していってしまう。国レベルで見れば、介護者と、それを必要とする高齢者の需給ギャップが拡大することになる。

そこで、我々は役員会で議論を重ねた末に、19年と22年の2回にわたって介護現場のリーダー職を中心に年間50万〜80万円程度の賃上げを実行することにした。金額的には、計50億円超を投じたのだが、まさにこれは人に対する「投資」だった。賃上げ後、離職者が減るとともに、人材の定着によるサービス品質向上やエンゲージメントの向上といった目に見える効果が生まれた。投資は、十分ペイしたのである。政府のマクロ的な政策には私も期待したいが、その前に一人ひとりの経営者がどれだけ危機感を持ち、できることを実行するのかが問われている。そのことをあらためて強調しておきたい。

人材流動化との絡みで言えば、優秀な人材に来てもらいたい、出て行ってもらいたくない、戦力にならない人材はいらない——というのが、経営者の本音だろう。ただ、そのためには、自らが「選ばれる」存在になる必要がある。後で述べる企業のパーパスを明確にするとともに、教育も含めた「人への投資」の拡充に、真剣に取り組む必要がある。

一方、経済のみならず行政サービスの効率化と信頼性向上には、社会のデジタル化の推進が不可欠である。「周回遅れ」の状況を克服し、「生活者共創社会」のインフラとしての基盤を一層強化しなくてはならない。

新型コロナウイルス感染症は、社会システムのデジタル化の意義と日本の遅れを白日の下にさらした。整備されたデータベースとデジタル技術の活用によって、生活困窮者を迅速に支援したデジタル化先進国に対し、日本では国民や法人によるアナログでの申請を逐次受領する必要があることから、給付金の速やかな支給はおろか、データに基づく困窮者の把握さえできなかったのが実情だ。

同時に、社会のデジタル化を進める意義が、アナログ作業の効率化によるスピードアップや、コスト削減にとどまらないことも認識する必要がある。迅速さ自体が価値を有する上、蓄積されたデータの分析を通じて、新たな価値創造やイノベーションにつながる可能性があるのだ。

政府は、２０２１年９月に司令塔機能を担うデジタル庁を発足させ、デジタル化の推進に取り組んでいる。２０２０年に発表された重点計画において、各分野の施策が提示されたものの、経済成長の実現や、データ活用による新たな価値創造を見据えた社会全体の変革までは描き切れていない。

社会全般のデジタル化を加速するためには、変革の全体像と実行の道筋を示す中長期ビジョンが提示されるとともに、デジタル社会を支えるデータ連携の基盤となるマイナンバー・マイナンバーカードの活用に向けた環境整備がカギとなる。国の積極的な政策の実行を期待するとともに、「生活者」は全力でそれを後押ししていく必要がある。

（３）利他の精神・パーパスに基づく付加価値の創造

「生活者共創社会」の実現に向け、我々は、自分・自社・自国にとっての価値創造を目指したイノベーションはもとより、利他の精神に基づく他人・他社・他国のためのイノベーションによる社会変革を目指していく。第二章で述べた「三方よし」や「武士道」といった日本固有の伝統・文化・精神に根差した取り組みは、他国では成し得ない唯一の価値の創造を可能にする。日本は、もともと「儲け」だけでなく、強い志やパーパスからイノベーションを生み出すことが得意であり、それこそが日本らしいイノベーションであると言えるであろう。

これらの自利・利他による社会変革の長期的な目標は、人類や地球の持続性の向上にあり、そこから足元まで立ち戻って、「生活者」が1人でも1社でも多く、イノベーションに挑戦していく。イノベーションは人が起こすものであり、こうした気概と行動がなければ日本再興は成し得ないことを再認識しなくてはならない。

このような挑戦は、大企業・中小企業を問わず推進されなければならないが、ボトルネックは、それを担う人材が圧倒的に少ないことである。実態として、就職というより〝就社活動〟によって採用された人材は、企業に〝就社〟した後、いつしか自らのパーパスを見失ってしまうという問題がある。

高度成長期には、ある意味、国のパーパスも、企業のパーパスも、そこに勤める個人のパーパスもベクトルが同じで、国を挙げて「少品種大量生産」の効率性を追い求めていればよかった。個人が、右肩上がりの経済環境の中で、ある程度我慢して働くことができたのである。

しかし、社会が成熟し、企業の状況も、個人の意識も多様化した。イノベーションのパッションは、企業のパーパスと個人のパーパスが重なり合った時に、最大化される。企業による明確なパーパスの発信が行われ、それらに基づいて個人がパーパスを充足できるような柔軟な労働移動が可能な環境づくりが必要だ。それは、付加価値創造に、きわめて重要な意味を持つ。

(4)「挑戦の総量」がカギを握る

日本にとって、高い水準の教育を受けた分厚い中間層を含む「生活者」の存在も、他国に比類のない強みである。現に日本企業には、ものづくりのみならず、サービス産業や社会課題解決型のイノベーションで人々の幸福に大きく貢献してきた実績がある。「生活者」が多種多様なことにチャレンジし、その総量（挑戦する人数×回数）を増やしていけば、イノベーションが起きる確率も高まっていく。

同時に考えるべきことは、イノベーションによって新しい商品・サービスを創造し、社会実装するのは「生活者」だが、そうしたイノベーションがもたらす変化を受容するのもまた、「生活者」であるということだ。あらゆる点で、変革を前向きにとらえる社会をつくり上げていくことが重要だ。

例えば、今の日本社会には、成功した結果、富を得た人を妬む風潮がありはしないだろうか。イノベーションを成し得た人や組織の足を引っ張っていては、いつまでたっても現状を変えることはできない。

以上のような視点に立って、官民を挙げて、「1生活者 1イノベーション宣言（仮称）」を行い、挑戦の総量を拡大していくことを提案する。これによりイノベーション成功確率が高まることに加え、海外の国々に比べ日本に欠けているとも言われている「挑戦を応援し、失敗を許容し、成功者を讃える風土・メンタリティ」を醸成していきたい。

繰り返しになるが、イノベーションは、経営者や起業家や技術者などの専売特許ではなく、すべての「生活者」が挑戦でき、それが求められているものだ。当面、GDPなどの経済指標で測ることのできる変化でなくとも、それが社会に「幸福」をもたらすものであれば、十分挑戦した価値がある。それが波及効果を呼び、大きな変革に結びついていく可能性もある。

イノベーションには、プロダクト、サービス、マーケット、サプライチェーン、ビジネスモデルなど多様なかたちがある。日本企業発で社会を大きく変えたイノベーションには枚挙にいとまがないが、その裏には何倍、何十倍の挑戦があったことを想起したい。挑戦の多くは失敗に終わったが、そこから学び、ブレークスルーを経て、新しい市場と雇用が創出されてきたのである。

日本はダイバーシティの遅れが指摘されるが、発想を転換すれば、その遅れを取り戻すことで、さまざまなチャンスが生まれる可能性がある。「ダイバーシティ×イノベーション」の取り組みは、その点でも大きな意味を持っている。異質なものの組み合わせ、新結合によるグッド・クラッシュ（良いぶつかり合い）は、「生活者共創社会」におけるイノベーションの大きな推進力になるだろう。

ダイバーシティに関して補足すれば、これを推進するための労働法制の見直しなどについても、さらに検討を重ねる必要がある。ただし、現状の法律やルールの中でも、経営者が本気になれば、できることがあるはずだ。まず、それに手をつけることが重要である。そのためには、わが社、わがグループの目標を可能な限り数値も含めて設定し、公表していくことが望ましい。「数」が自己目的化することには、十分な注意が必要だが、例えば女性比率がきわめて低かった集団に、それが30％、40％と増えていくような目に見える数的な変化が起これば、それは質的な変革に転化する可能性が高い。

すでに紹介したが、「未来選択会議」で、このテーマについて議論を行った際には、若い世代から、ダイバーシティは「女性の社会進出」と捉えられがちだが、「男性の家庭進出」が阻まれていることこそが最大の課題であり、論点を変えて議論すべきだ、という提案があった。そのように、広い視野に立って検討を進めることにも、大きな意義があると考える。

ダイバーシティにおいて、重視されるべき課題が、LGBTQも含めたジェンダーの課題であることは間違いないが、それにとどまっていてはならない。年齢や国籍をはじめとするあらゆる垣根が取り払われてこそ、「ダイバーシティ×イノベーション」は実現される。

もう一つここで強調したいのは、企業数で全体の99・7%、雇用者数で7割を占める中小企業の存在である。この中小企業による価値創造を加速させることは、生産と消費の好循環を作り出し、経済を自立的な成長軌道に乗せるうえで、決定的に重要な意味を持つ。ただ一方で、経営者の高齢化により事業承継などに困難を抱えるところも少なくない、という現実もある。これから必要なことは、企業規模の大小によって線を引き、中小企業だから一律に、といった支援ではなく、一社一社の競争力を基準に支援策の視点を変えていくことだ。成長への強い意欲がある企業を対象にし、かつ、企業を存続させるためではなく挑戦を後押しするものであるべきだ。中小企業政策を抜本的に転換すべき時期が来ており、継承・底上げ・裾野拡大など総合的な強化策を講ずるために、政府に「中小企業競争力強化会議（仮称）」を新設することを提案する。

こうした施策に加え、イノベーションの種を点から線、線から面へと展開していくために、スタートアップと大企業の出会いと連携の一層の強化に取り組む。

（5）社会実装のエコシステム構築による付加価値の創造

日本は、高品質の水道、電気、通信網、高精度の定時・安全運行を誇る鉄道や新幹線といった世界屈指のインフラを有する国だ。高効率なサプライチェーンで結ばれた多くの産業集積があり、これらを支える高度な専門知識を持ったエッセンシャル人材が、国中にいる。

国土の小ささは、えてしてデメリットとして意識されがちだが、日本はG7の中で国土面積当たりGDPが1位である。それは、新技術の社会実装コストが「世界一低い」ことを意味している。この事実は、社会変革の手段となるような新技術を実用化するうえで、大きなアドバンテージとなる可能性があり、そうした強みを成果に結びつけるという発想を持たなくてはならない。

政府は成長戦略として科学技術・イノベーションへ重点投資する方針であるが、これまでも述べたように、ＫＰＩとして常に問われるのは産業界との連携や、成果の社会還元である。各国の間で開発競争が激化している「量子」「ＡＩ」「バイオテクノロジー」などの最先端分野やデュアルユースの研究開発に取り組み、産業のフロンティアを開拓し、再び日本が世界をリードしていく状況を創り出したい。

世界情勢が一層複雑化する中で、経済安全保障の観点からサプライチェーンの強靭化などに取り組むことも、必須の課題だ。また、モノの開発にとどまらず、都市・地域を単位としたイノベーション社会実装ノウハウを日本モデルとしてパッケージ化し、輸出していく可能性を追求するなど、付加価値の創造に努めていく。

ダイナミック・インクルーシブ・サステナブルな「分配」を実現

次に「生活者共創社会」における「分配」のあり方について述べたい。「新しい分配」については、その役割ごとに「ダイナミック」「インクルーシブ」「サステナブル」の3つに整理し、それぞれ質の高い経済成長、社会的公平性・公正性の担保、地球環境と財政の持続可能性の向上に関する具体的な施策や手段を提案する。

この「分配」については、我々は、今までにない新たな発想が必要だと考えている。これまでの分配は、政府部門が税制や社会保障制度を駆使して、応能的に富を移転させて、社会的弱者を保護し社会の安定を図ろうとするものであり、社会的公平性・公正性を担保する役割を担っている。もちろん、そうした機能が必要不可欠であることは言うまでもないが、それにとどまらない「新しい分配」を、制度としても確立すべきというのが、我々の考えである。

前章で説明した通り、「生活者」には、個人のほか、国（府省）や自治体、さらには企業などのあらゆる民間組織も含まれる。その観点から、従来の政府部門に加えて民間部門による分配、さらに両者を合わせた「新しい分配」を実現したい。この「新しい分配」は、経済社会における資源の最適な分配を意図したものであり、これによりさきほどの3つの役割が期待できると考えている。

さらに、税の使途は、徴収した側が決定するのが基本だが、例えば環境保護や母子家庭支援のように、社会課題を指定したふるさと納税方式の納税制度を提案したい。「生活者」個々のパーパスに基づく「意思を持った納税」は、納税者意識を涵養するという点でも、有意義なものだと考える。

なお、こうした民間による分配と政府による分配が有効に機能するには、デジタル基盤の整備、マイナンバーおよびデータの利活用、政策当局に対する信頼の確保が大前提となることを付け加えておかなくてはならない。

それぞれの「分配」について述べていく。

(1) より質の高い経済成長を実現する「ダイナミックな分配」

「ダイナミックな分配」の役割は、人口減少・高齢化が進む中でも、質の高い経済成長が可能な社会を実現することにある。それは、成長の新しい担い手であり、イノベーションを牽引するスタートアップ企業が活躍している社会であり、産業の新陳代謝、生産性の高い分野への円滑な経営資源の移動と循環が行われている社会である。

そういう社会を補完する「ダイナミックな分配」の具体的な施策や手段には、以下のようなものがある。

スタートアップ（急成長する組織、企業）の創業者などが、自社株を売却する際の譲渡益課税を減免する。リスクを冒して挑戦する存在を増やすには、適切なインセンティブが用意される必要がある。また、それを支援する環境を一層整備するために、エンジェル税制（ベンチャー企業などに投資を行った個人投資家に対して、税制上の優遇措置を行う制度）の拡充を進める。

日本の経済成長の足かせとなっている人材の固定化を解消する手段としても、人への投資そのものである「新しい分配」は、大いに活用できるはずだ。人材の流動化を図り、同時に人材のサーキュレーションを拡大するためには、人材に魅力的な処遇、適切な分配を提示して動機づけることが有効である。そうした施策により、コア事業や将来の収益事業に人材を振り向け、適材を適所に再配置し、人材教育を行うことでイノベーションは加速される。

これらの変革に関しては、経営者が決断し、リーダーシップを発揮するしかない。同時に、その後押しとしての「賃上げ促進税制」の拡充、解雇要件の見直しなどの環境整備も重要である。

また、成功者がその努力に対して正当な対価を獲得し、海外に退避することなく日本に永住し、さらに社会を支え続けるために、「所得税」の最高税率のあり方、「寄附に伴う税額控除」の拡大、「贈与税」と「相続税」の見直しをはじめとする税体系の再設計が必要であると考える。

（2）社会的公平性・公正性を担保する「インクルーシブな分配」

第2の「インクルーシブな分配」の役割は、「生活者」の全員が参画・活躍できる社会を実現することである。そこは、自立支援の観点から、生活者一人ひとりが成長を実感し、挑戦や努力が報われ、仮に失敗しても、再挑戦の機会がある社会であり、社会的公平性・公正性の観点から、教育の機会が平等に与えられ自己実現ができ、応益と応能による負担がバランスよく成り立っている社会である。

その社会を実現する具体的な施策や手段は、以下の通りである。

自立の支援として、「給付付き税額控除」の導入、「求職者支援制度」（再就職、転職、スキルアップを目指す人が月10万円の生活支援の給付金を受給しながら、無料の職業訓練を受講する制度）の拡充、「生活困窮者自立支援制度」（生活に困窮する者に対して実施される、自立相談支援事業、住居確保給付金の支給、就労準備支援事業、学習支援事業その他重層的なセーフティネット）の拡充を実行する。

また、成功者が利益や報酬の一定程度を関係者と共に享受できる環境を整備した上で、社会課題の解決に挑戦するＮＰＯなどを応援しやすくする税制の整備を図る。

社会の共有財産である子ども・若者に対しては、スティグマ（ネガティブなレッテル張り）や不正受給などの排除策を講じた上で、受験料や授業料、奨学金に思い切って税財源を投入することが必要である。

（３）地球環境・財政の持続可能性を向上させる「サステナブルな分配」

３番目の分配は、「サステナブルな分配」である。「新しい分配」を通じて持続可能性を高めるべきものとして、「地球環境」と「国の財政」をターゲットとした。目指すのは、経済活動などの環境負荷に応じて給付と負担を求める社会であり、生産年齢人口の減少、人口の高齢化の実態に即して財源を調達する社会である。

地球環境・財政の持続可能性に資する施策としては、「環境消費税」の導入、あるいは環境問題に限らないが、初めから税に依存するのではなく、政府によるクラウドファンディングの活用などが検討されてもいいだろう。

財政の持続可能性について言えば、それが、膨らむ社会保障費によって脅かされている実情を、第一章で詳しく述べた。危機を打開するためには、社会保障制度自体の簡素化、透明性の向上に加え、デジタル技術とデータ利活用の徹底、「モデル世帯」を基準とした政策を改め、税・保険料の負担・拠出や給付、控除などの単位の「個人」への転換などの施策を実行し、「分配」を見直す必要がある。同時に、利用者（受益者）負担を強化しなくてはならない。

また、その時々の社会・経済情勢を踏まえて、社会保障制度の不断の見直しを行うためには、国民から信頼される主体が改革の進捗レベルを定期的に検証し、国民の当事者意識と、受益と負担に対する納得感を醸成することが不可欠だ。そのために、経済同友会がかねてから提案している、行政や政治から独立した「独立財政機関」（ＩＦＩ）の設立を急ぐべきだと考える。

顧客と市場を創造して「企業価値」を高める

ここまで説明してきたように、「成長」を牽引するのは民間であり、「分配」についても、その一部を民間が担い得る。「生活者」としての企業、経営者の役割と責任には、非常に重いものがあることを、あらためて自覚する必要がある。

「生活者共創社会」における経営者の使命が、第1に顧客と市場の創造であることは、言うまでもない。その活動を通じて、短期と長期の企業価値を最大化するための経営を貫き、同時にその「価値」をすべてのステークホルダーに対して説明する責任を負っている。

ただ、社会の中で「生活者」に幸福を生み、充足感をもたらす「企業価値」には、現在活用されている指標では、測定が不可能だったり、矛盾したりするものも珍しくない。企業は、全力で「企業価値」向上に努めるのだが、同時に「企業価値とはそもそも何か？」を解き明かすことが、今日的な重要テーマになっている点を指摘しておきたい。「生活者共創社会」の実現に向けては、世界で通用する新たなものさし作りも課題の1つになるというのが、我々の認識だ。この点も、真摯にオープンに議論と探究を続けていく必要がある。

（1）経営者に課せられた「顧客と市場の創造」の使命

企業は、常に顧客を創造し続け、その顧客を増やすことで、市場を創造し続けていかなくてはならない。そうした新たな価値創造を主導するのは、リーダーたる経営者に課せられた使命である。かつての「成功体験」の残像に囚われ、多様化した価値観を持つ「生活者」に、常に新しい価値を提案し続けることができなければ、企業の持続的成長は望むべくもなく、その存続自体が不可能となる。

企業の持続可能性を考えると、そのパーパスとプロフィットが重なる状態が望ましいのは、言うまでもない。ただし、それは、多くの「生活者」のパーパスと、自社のそれが一致もしくは部分的にでも重なることで、初めて成し得るものである。経営者は、もう一度、「生活者」のパーパスとは何なのか、それに照らして自社の存在意義はどこにあるのかを問い直してみるべきだろう。

一方、経済のさらなるグローバル化、国際情勢の複雑化などに伴って、経済と安全保障が接近し、今や密接不可分となる中で、新たな市場の創造、既存市場の深耕において、他の分野とは異なる官民の役割分担が必要になっている。経済の側面から見れば、疑いなく主役は民間でなければならない。他方、安全保障の側面から考えれば、民間では対応できない場面があり、政府が民間に対して適時・適切に、そして予見可能性の高い情報提供と施策の展開を実行する必要がある。

(2) 挑戦を応援し、失敗を許容し、成功を讃え、真のリーダーを育てる経営

「新しい成長」で述べたように、もともと日本人は、利益だけにとどまらず、志やパーパスから新しいものを創造する力を持っている。そうした日本らしいイノベーションによる成長を実現していくためにも、「出る杭を打つ」のではなく、「挑戦を応援し、失敗を許容し、成功者を讃える風土・メンタリティ」を醸成していくことが重要であることも、すでに述べた。

もちろん日本社会や日本人の風土・メンタリティの醸成は、いわばマクロ的な目標であり、掛け声だけで自然に達成されるものでもない。この点でも、企業経営者の果たすべき役割は大きい。まさに日々の事業活動の中で、自社の中にそうした風土・メンタリティを育み、根づかせる経営を、トップ自らが先頭に立って実践していく必要があるだろう。

さらに、それを継承加速していくために、次世代の真のリーダー・エリートを育成し

ていかなくてはならない。そうした各企業におけるミクロ的な実践を積み重ねていった先に、イノベーション立国の風土とメンタリティの醸成が期待できると考える。

ちなみに、私が代表幹事に就任する前、人材戦略と生産性革新委員会委員長として取りまとめた提言「「いて欲しい国、いなくては困る国、日本」を実現する人材戦略——再び輝く日本に向けて、即行動」（18年6月）において、「真のエリート」を次のように定義している。

「世界に通じるリベラルアーツ、深い洞察力を身に着け、利他（全体価値の増大、社会課題の解決、Common Good）の志のもと、「強い信念」「実践的な理論」「修羅場の経験」を持ち合わせ、他の者の信頼を得ながら、責任を持って導ける人材である。ノブレス・オブリージュ、奴雁の精神に通ずる」

このような「真のリーダー」の育成について、経済同友会は、２００３年から社会のリーダーとしても活躍し得る次世代のトップ経営者育成を目的とした「リーダーシップ・プログラム」を、２０１２年度からは企業の意思決定ボードのダイバーシティ実現に向けた次期上級幹部の育成を目的とした「ジュニア・リーダーシップ・プログラム」をそれぞれ実施している。

さらに、2021年度には、経済同友会は"Training Tank"への進化を表明した。具体的には、大企業、スタートアップなど、組織の壁を超えて次世代のリーダー達が交流し、第一線で活躍する経営者と直接対話する場を設けて、社会変革を担う志のある経営者の育成をより進化させていく。

(3) 短期と長期の企業価値を経営者が語る「両利きの経営」

現代の企業には、「生活者」の現在の欲求充足や、負担や煩わしさの軽減、さまざまな社会課題解決への道筋提示といった短期的な活動と同時に、将来の新たな価値提供のために今から必要な投資を行う長期的視点に立った戦略の立案・実行という「両利きの経営」が求められている。経営者は、投資家を含めたあらゆるステークホルダーに対して、自社のパーパスに基づいた成長戦略を語るストーリーテラーとなり、またエビデンスを示しつつ、短期と長期の「企業価値」に対する説明を丁寧に、かつ自信をもって行う必要がある。

経営者自身が自らの価値について語るべきなのは、黙っていてはなかなかそれが理解してもらえない、というのが大きな理由である。先に述べたように、企業は短期と長期の時間軸で持続的に社会に価値を生み出していく存在だが、特に後者、その企業が持つ顕在的・潜在的価値のすべてを「株価」「時価総額」という1つの指標だけで論じることには、限界がある。

例えば、2020年には、世界を席巻するアメリカIT企業であるGAFAM（Google, Apple, Facebook, Amazon, Microsoft の5社）の株式時価総額が、東証一部上場全企業（当時2183社）のそれを超えた。この事実は、新たなプラットフォーマーたちの強さ、日本企業の成長性の低さを象徴するものである半面、企業価値を正確に映し出しているのかという点では、大きな疑問を禁じ得ない。

イノベーションという非連続的な試みによって、将来的に創出される収益や、社会的インパクトなどの未実現の財務価値をどのように測り、「現在の企業評価」に反映させていくかは、我々に提示された重要なテーマであると言える。同時に、このような未実現の財務価値は、経営者の発信力やステークホルダーとの対話の有無や内容によって、増減する余地が大きい。繰り返すが、それだけに、経営トップが自らの言葉で語らなくてはならないのである。

一方、2022年6月、国の「新しい資本主義実現会議」は、民間で公的役割を担う新たな法人形態・既存の法人形態の改革の検討を表明した（「新しい資本主義のグランドデザイン及び実行計画」）。欧米で新たに法制度が整備されつつあるベネフィットコーポレーション（株主利益だけではなく、他のステークホルダーに対する便益や、社会と環境への影響にも配慮することをパーパスに掲げた経営を行う会社形態）などを参考に、今後、社会的課題と経済的成長の「二兎」を追いやすい環境改善が進むことに期待したい。

ただし、その実現も、決して容易なものではない。企業が10年先、20年先の価値創造のために、社員や地域コミュニティ、地球環境、研究開発へ経営資源を配分したり、新規事業の開拓に向けた組織改革を断行したりすることなどは、目先の収益や配当の抑制につながることも多い。その結果、市場が短期的評価を下して株価が下落し、経営者が逆風に晒されることが想像に難くないからだ。

直近の例を2つ挙げよう。2021年3月、フランス食品大手ダノンのエマニュエル・ファベール会長兼最高経営責任者（CEO）が解任された。同社では「人と自然重視の資本主義」を唱えてパーパスを明確にした経営に取り組んできたが、20年に入り、同業他社と比較して株価が大きく下落したことや、収益改善が進まなかったことなどがその理由だと受け止められている。また、米国デラウェア州のベネフィットコーポレーションへの総投資額の多い上位10の投資家（２０１３～19年の総計）の投資戦略は、利益追求型が9社で、インパクト投資型は1社に過ぎなかった、という事実もある。「理想」と「現実」の壁は、まだまだ厚いと言わざるを得ないが、「日本らしいイノベーション」は、そこに風穴を開ける武器にもなり得ると考える。「生活者共創社会」の実現を目指す中で、その課題にも地道な挑戦を続けていきたい。

(4) 経済同友会は、「企業価値」探求の努力を続ける

現在は、知り得る限りの情報を反映した「株価」が市場で決まり、それに発行済株式数を掛けた「時価総額」イコール「企業価値」ということになっている。そのことに問題なしとはしないものの、これ以外に適切な指標は見当たらない、という意見がある。他方で、長期視点で顧客・市場を創造するための取り組みは未実現の財務価値を持っており、それらを抜きにして企業価値は語れない、という意見もある。

同時に、そもそも資本主義の最重要インフラともいえる資本市場という〝鏡〟は、適切にその機能を果たしていて、歪みはないのか、といった論点をめぐっては、市場に関わるすべてのステークホルダーを巻き込んで、議論と改善が不断に行われてきた歴史が

ある。

とはいえ、「企業価値とは何か?」という問いに対して、投資家、市場、社会、そして「生活者」が100%納得する答えは、現時点で存在しない。この解に一歩でも近づくべく、経営者個人で構成される経済同友会は、これからも真摯にオープンに議論と探究を続け、内外に発信していきたいと考える。

「真の経営者の時代」が到来した

経済同友会は、終戦直後の1946年4月、当時の若手、中堅の経営者たちによって立ち上げられた。その「設立趣意書」の冒頭には、こうある。

「日本はいま焦土にひとしい荒廃の中から立ち上ろうとしている。新しき祖国は人類の厚生と世界文化に寄与するに足る真に民主々義的な平和国家でなければならない。

日本国民は旧き衣を脱ぎ捨て、現在の経済的、道徳的、思想的頽廃、混乱の暴風を乗切って全く新たなる天地を開拓しなければならないのである。これは並々ならぬ独創と理性と意力と愛国の熱情とを要する大事業である」

それは、財閥解体もあり、企業の創業者などは、みな半ば強制的に「退場」させられる中で、ある意味、日本の将来を託された志のある若き経営者たちが、「一から新しい日本の経済社会をつくっていこう」という決意を込めた宣言だった。

今の日本は、もちろん焼野原ではない。しかし、「失った30年」の結果、気づけば経済同友会が設立された時期と似た立場に置かれているのではないか。今、「旧き衣を脱ぎ捨てて、新たなる天地を開拓」する運動を起こさなければ、日本は衰退の道をたどるしかなくなるだろう——。そういう認識と覚悟を、「生活者共創社会」の提言には込めたつもりだ。

経済同友会の代表幹事に就任以来、私は、日本は国際社会の中で「いて欲しい国、いなくては困る国」を目指して再興を期すべきだ、と言い続けてきた。だが、残念ながら、そのための時間はあまり潤沢に残されてはいない。戦後の紆余曲折の歴史を経た現在、人口、経済、財政をはじめとするあらゆる指標が、日本はそのラストチャンスにあることを示している。広範なムーブメントを起こすためには、まずは誰もが「見たくない」と目を背けてきたその現実を明らかにし、現状維持の先に待つ「転落」という将来に対する危機感を、広く国民が共有しなければならない。

ラストチャンスではあるが、まだチャンスはある。岸田総理が提唱した「新しい資本主義」へのチャレンジは、非常に意義のあるものであり、世界からも注目されている。ただし、「それによってどういう国になるのか」というグランドデザインは、いまだ明確に示されてはおらず、議論の途上にある。「生活者共創社会」の提言には、そこに示した思想やフレームワークを、ぜひグランドデザインに盛り込んでもらいたい、という願いも込めた。目指すべき国の形がはっきりすれば、その実現に向けた挑戦の意欲は高まり、日本の潜在能力が一気に開花する可能性は大いにある。

新しい国のデザインは、その社会を生きていく若者たちが「どうありたいか」を最優先に描かれなければならない。同時に、「旧き衣」を脱ぐためにも、あらゆる企業や組織で大胆に世代交代が行われる必要がある。「若手にやらせるのは心許ない」という意見は必ずあるが、まず任せてみるのも一つの方法ではないだろうか。

まさに「国難」と言ってもいい状況だが、だからこそ私は、「民主導」で成長とイノベーションを牽引する「真の経営者の時代」がやってきたと思っている。政府ができることは、あくまでも企業活動のための環境整備であり、成長を生み出せるのは民間しかない。逆に言えば、旧態依然の経営を継続した結果、民がそれを達成できなければ、やはり国は衰退していくしかないのである。

まず企業経営者が変わる。その力で、時代を変革し、成長を牽引する。その責任、使命を自覚して行動する、真のリーダーが求められている。

おわりに

「失った30年」は、政治・行政・企業による不作為の結果であり、自責の念を込めて敢えてこう表現した。特に、イノベーションによる社会変革は民間が主導するべきであり、企業経営者には日本再興を本気で成し遂げる気概に欠けていたと言わざるを得ない。

日本再興は、誰かがやってくれるのではなく、全ての個人と組織、すなわち生活者が当事者となって共創することで、初めて実現可能となる偉業である。

生活者の一人である私も多面的な役割を持っているが、経済同友会の代表幹事に就任以来、今がラストチャンスという強い危機感をもって、直面する社会課題の解決に果敢に挑戦してきた。

具体的には、まず、マルチ・ステークホルダーによる開かれた議論の場「未来選択会議」を設置し、若者などから多くの気づきを得ることができた。次に、世界経済フォーラムのクラウス・シュワブ会長など多くの識者からコメントをいただき、〝生活者（SEIKATSUSHA）〟のコンセプトを固めた。そして、経済同友会の正副代表幹事会と幹事会で議論を重ねて、２０２２年10月に提言『「生活者共創社会」で実現する多様な価値の持続的創造――生活者（SEIKATSUSHA）による選択と行動――』※を発表した。

提言発表と同時に、「日本再興ラストチャンス」と題して行ったイェール大学の成田悠輔助教授との対談動画※※を公開した。この中で成田助教授から「経済同友会解散」、「重鎮経営者引退」、「ゾンビ企業退場」といったエッジの効いた発言があった。改めて「忖度・シナリオ・タブー」無しで議論を行い、グッド・クラッシュ（知の衝突）と融合を起こすことがイノベーションには不可欠であると実感した。

また、昨年11月には官邸を訪問して、岸田文雄総理に、遠くない将来（10年後）に日本はどのような国でありたいか、というイメージを生活者の視点でまとめた動画をご覧いただいた上で、提言を手交した。岸田総理からは「政府が目指す方向とも合致しており、心強い」との言葉とともに関心を示されたので、今後とも生活者共創社会の進化に合わせてご報告、ご相談させていただきたいと考えている。

これまでお世話になった関係各位に改めて感謝を申し上げる。

さらに新年度には、経済同友会が２０２０年9月に設置した未来選択会議を独立させて、新しい法人を設立する予定である。生活者共創社会を実現する上で不可欠な未来選択会議は、経済同友会とは一定程度の独立性・中立性を有する会議体へとバージョンアップし、政策の多様な選択肢の提示や社会的合意形成に貢献していくべきである。

失った30年を越えて、生活者共創社会の実現への挑戦は続く。

２０２３年2月吉日

公益社団法人 経済同友会
代表幹事 櫻田謙悟

※提言『「生活者共創社会」で実現する多様な価値の持続的創造――生活者（SEIKATSUSHA）による選択と行動――』（２０２２年10月11日　経済同友会）

※※動画『対談 経済学者 成田悠輔氏×経済同友会 櫻田謙悟代表幹事』
https://www.doyukai.or.jp/policyproposals/articles/2022/221011_0028.html

装幀／スタジオトラミーケ
図表作成／明昌堂

櫻田謙悟
（さくらだ・けんご）

1956年東京都生まれ。78年早稲田大学商学部卒業、安田火災海上保険（現・損害保険ジャパン）入社。2010年損害保険ジャパン社長。12年NKSJホールディングス（現・SOMPOホールディングス）社長。19年4月より経済同友会代表幹事。22年よりSOMPOホールディングスグループCEO会長。内閣総理大臣が議長を務める「新しい資本主義実現会議」の有識者メンバー。

公益社団法人　経済同友会
（けいざいどうゆうかい）

終戦直後の1946年、日本経済の堅実な再建のため、当時の新進気鋭の中堅企業人有志83人が結集して誕生した経済団体。法人単位の加入ではなく、経営者が個人として参加することが特徴。各々の志をもとに一企業や業界の利害を超え、日本のあるべき姿について幅広い先見的な視野から議論し、数々の提言を世に送り出している。

失《うしな》った30年《ねん》を越《こ》えて、挑戦《ちょうせん》の時《とき》
——「生活者《せいかつしゃ》(SEIKATSUSHA)共創社会《きょうそうしゃかい》」

2023年3月10日　初版発行

著　者　櫻《さくら》田《だ》謙《けん》悟《ご》

発行者　安部順一

発行所　中央公論新社

〒100-8152　東京都千代田区大手町1-7-1
電話　販売 03-5299-1730　編集 03-5299-1740
URL　https://www.chuko.co.jp/

DTP　今井明子
印　刷　図書印刷
製　本　大口製本印刷

Published by CHUOKORON-SHINSHA, INC.
Printed in Japan　ISBN978-4-12-005640-6 C0033